ज़हरीली हवा

(नाटक)

ज़हरीली हवा

(मूल अंग्रेज़ी नाटक 'Bhopal' का अनुवाद)

नाटककार

राहुल वर्मा

अनुवादक व निर्देशक

हबीब तनवीर

वाणी प्रकाशन

वाणी प्रकाशन
4695, 21-ए, दरियागंज, नयी दिल्ली 110 002

शाखा

अशोक राजपथ, पटना 800 004

फ़ोन : +91 11 23273167 फ़ैक्स : +91 11 23275710

www.vaniprakashan.in
vaniprakashan@gmail.com
sales@vaniprakashan.in

ZEHRILI HAWA
by Rahul Verma
Translation & Direction by Habib Tanvir

ISBN : 978-93-5229-179-3
Play

संस्करण 2004
आवृत्ति 2018

मूल्य : ₹ 125

एम.एस. प्रिंटर्स, दिल्ली-110 093 में मुद्रित

वाणी प्रकाशन का लोगो मक़बूल फ़िदा हुसेन की कूची से

उन लोगों को समर्पित जिन्होंने मर कर भी हमें
वह समझ प्रदान की जिससे कि हम दुनिया में
कहीं भी भोपाल जैसी त्रासदी घटित न होने दें

आभार

- डॉ. हबीब तनवीर का जिन्होंने 1997 में अपनी मांट्रियल-यात्रा के दौरान मेरे एक पृष्ठ के के कथानक के आधार पर एक नाट्य-कार्यशाला आयोजित की। इस कार्यशाला से मुझे एक दिशा मिली।
- डाक्युमेंट्री फ़िल्म 'भोपाल:बियोंड जेनोसाईड' के निर्देशक तपन बोस और सुहासिनी मुले का। इस फ़िल्म से मुझे त्रासदी के बाद जन्म लेनेवाली बच्ची ज़रीना की हृदय-विदारक स्थिति का पता लगा।
- कर्तव्यनिष्ठ सामाजिक कार्यकर्ता सतीनाथ सारंगी, रशीदा बी और चंपा देवी का जिन्होंने कई गैस-पीड़ितों से मेरा परिचय कराया।
- भारत में कनाडियन हाई कमीशन का जिसके कारण नई दिल्ली में इस नाटक की प्रस्तुति संभव हो सकी।
- कनाडा काउंसिल फ़ॉर द आर्ट्स का जिसने आर्थिक सहयोग दिया।

लेखक की ओर से

मेरे लिए यह सम्मान का विषय है कि 'ज़हरीली हवा' नाटक मेरी जन्मभूमि भारत में प्रस्तुत किया जा रहा है। इससे बढ़कर सम्मान की बात यह है कि इस सिलसिले में मुझे डॉ. हबीब तनवीर जैसे महान कलाकार के साथ काम करने का अवसर मिला है जो मेरे जीवन का एक मूल्यवान अनुभव है।

इस नाटक के विचार का उदय 3 दिसम्बर 1984 की उस रात को हुआ जब भोपाल मनुष्यता के इतिहास के सबसे विराट गैस चैम्बर में तब्दील हो गया था। सुबह होने तक 500 लोग मर चुके थे, शाम ढलते-ढलते यह संख्या 2500 तक पहुँच गयी थी और बाद के दिनों में हालत उस जगह पहुँच चुकी थी जहाँ संख्या के कोई मायने नहीं रह गये थे।

यह प्रश्न आज भी हमारे ज़ेहन में लगातार बना हुआ है : ऐसा क्यों है कि जिन अनाम, अमूर्त नागरिकों को तथाकथित विकास का कोई लाभ नहीं मिलता, उन्हें इस विकास की क़ीमत अपने जीवन से चुकानी पड़ती है?

1997 में जब श्री तनवीर ने मांट्रियल में अपने संक्षिप्त से प्रवास के दौरान पहली कार्यशाला की थी तब इस नाटक के कथानक और कथावृत्त को आकार दिया गया था। मूलतः अँग्रेज़ी में लिखित इस नाटक की प्रथम प्रस्तुति जैक लैंगेडिज्क के निर्देशन में माण्ट्रियल (कनाडा) में 2002 में हुई थी। अब जबकि यह नाटक हिन्दुस्तानी में 'ज़हरीली हवा' के नाम से अनूदित हो चुका है, डॉ. हबीब तनवीर की कृपा से मैं इसे सबसे महत्त्वपूर्ण जगह पेश कर पा रहा हूँ। उस शहर में जहाँ वह भयावह 'दुर्घटना' घटित हुई थी।

मैं दीप्ति और आलिया की ओर से मोनिका, नगीन और हबीब के प्रति आभार व्यक्त करता हूँ जिन्होंने इस नाटक को और हमें अपने

घर में आतिथ्य प्रदान किया। मैं 'ज़हरीली हवा' के अभिनेताओं और अन्य सहयोगी कलाकारों के प्रति भी धन्यवाद ज्ञापित करता हूँ जिन्होंने इस नाटक के लिए अथक परिश्रम किया और मेरी रंगयात्रा में हिस्सेदार बने।

मैं सतीनाथ सारंगी, रशीदा बी, चम्पा देवी और उन अनेक कार्यकर्ताओं को धन्यवाद देता हूँ जिन्होंने मुझे अन्तहीन सहयोग दिया। अंत में मैं उन तमाम भोपालवासियों को भी धन्यवाद देता हूँ जिनका न्याय के लिए किया जा रहा संघर्ष मुझे सृजनात्मक प्रेरणा देता रहेगा।

– राहुल वर्मा

भोपाल

'ज़हरीली हवा' की बाबत कुछ बातें

राहुल वर्मा का अंग्रेज़ी नाटक 'भोपाल', कनाडा में दिखाया जा चुका है, जहाँ के वो नागरिक हैं। नाटक का शीर्षक 'भोपाल', मांट्रियल के लिए तो उचित है, लेकिन हमारे मुल्क के लिए इसका हिन्दी अनुवाद करते वक़्त मुझे इसका शीर्षक 'ज़हरीली हवा' ज़्यादा मुनासिब लगा।

नाटक है तो 1984 की यूनियन कार्बाइड की गैस त्रासदी के बारे में लेकिन इसके अंदर विषय की बहुत सी परतें दबी हुई हैं। सबसे ज़्यादा महत्त्वपूर्ण बात ये है कि हम अपने उद्योग की उन्नति और विकास के चक्कर में भूमंडलीकरण और बहुराष्ट्रीयता के शिकार हो जाते हैं। इसी का नतीजा वो त्रासदी है जिसकी केमिकल इंडस्ट्री के इतिहास में कोई मिसाल नहीं मिलती।

बहुराष्ट्रीय व्यापारियों का उद्देश्य केवल ज़्यादा से ज़्यादा पैसा कमाना है, चुनांचः वे तीसरी दुनिया के मुल्कों में विकास के नाम पर अपना घटिया माल पटक देते हैं और नतीजे में विकास तो दूर रहा, इन मुल्कों की जनता की दीनता कुछ और बढ़ जाती है। 'ज़हरीली हवा' में हिन्दुस्तान की आर्थिक, राजनैतिक पॉलिसी पर कम और विदेशी ताक़तों पर हमला ज़्यादा है, और ये मुनासिब भी है इसलिए कि भोपाल के लोग जो यूनियन कार्बाइड की बेहिसी का ख़मियाज़ा अभी तक भुगत रहे हैं, उनके लिए अमरीका के वारेन एंडरसन के प्रति इंसाफ़ तलब करना और उन हज़ारों गैस-पीड़ित लोगों के लिए मुआवज़ा मांगना ज़्यादा ज़रूरी है बनिस्बत इसके कि हम अपनी निंदा आप करने में लगे रहें।

कथानक एक झोपड़पट्टी में रहने वाली औरत इज़्ज़त पर केन्द्रित है। मूल विषय तो गैस और गैस के प्रति वो लापरवाही है जिसके ख़तरनाक प्रभाव की जांच कनाडा की डॉ. सोनिया लेबॉन्ते कर रही हैं। गैस के लपेटे में स्वयं फ़ैक्टरी की कर्मचारी मदीहा अकरम भी आ जाती है, जो फ़ैक्टरी के सी.ई.ओ. देवराज सार्थी की प्रेमिका है। एक तरफ़ एक विदेशी वैज्ञानिक है, जो एक विदेशी फ़ैक्टरी की

लापरवाही के बुरे नतीजे मालूम करने में लगी है और दूसरी तरफ़ एक विदेशी डिप्लोमेट पास्कल स्वॉवे है जो कनाडा और हिन्दुस्तान के बीच व्यापार संबंध स्थापित करने के सिलसिले में यूनियन कार्बाइड और हिन्दुस्तान के नेताओं के साथ मिलकर डॉ. लेबॉन्ते का रिसर्च दबाने की फ़िक्र में है। कहानी की नाटकीयता इसी तनाव के बीच है। इसी के अंदर समाज में औरत की स्थिति का विषय भी साफ़ नज़र आने लगता है।

राहुल वर्मा बहतेरे कामयाब नाटक लिख चुके हैं और 'तीसरी दुनिया थियेटर' मांट्रियल में मंचित भी करवा चुके हैं जिसके वे आर्टिस्टिक डायरेक्टर हैं। नाट्य-लेखन पर उन्हें बेशुमार पुरस्कार भी मिले हैं। जहां तक 'ज़हरीली हवा' का ताल्लुक़ है, इसका विषय और प्लॉट मुझे शुरू से पसंद है। मुझे ख़ुशी है कि हिन्दुस्तान में पहली बार उनका नाटक तैयार किया जा रहा है।

दिसंबर 2003
भोपाल

—हबीब तनवीर

पात्र

पहले शो की कास्ट, क्रेडिट्स

डॉ. सोनिया लेबॉन्ते	:	टेरी एलन
पास्कल स्वॉवे	:	राजीव यादव
इज़्ज़त बाई	:	अगेश नाग
देवराज सार्थी	:	रामचन्द्र सिंह
जगन लाल भंडारी	:	उदयराम श्रीवास
मदीहा अकरम	:	चोयती घोष
वारेन एन्डरसन	:	डेविड फ्रांसिस
कोरस	:	नगीन तनवीर
अन्य	:	योशिको वादा, राना प्रताप सिंह, अभिसार बोस, शेख़ उस्मान, ताहिरा सुल्तान, ओंकार दास मानिकपुरी, मनहरण गंधर्व, राम शंकर ऋषि, अमर दास मानिकपुरी, शिव दयाल देवदास, गोविन्द राम निर्मलकर, श्यामा मरकाम, रामचरण निर्मलकर, मनोज नायर, चैत राम यादव, चंद्रभान पटेल, दीप्ति वर्मा और आलिया वर्मा
प्रकाश	:	धन्नू लाल सिंहा, कमलेश
वेशभूषा एवं सामग्री	:	मोनिका मिश्रा तनवीर
सेट-डिजाईन, गीत-संगीत व निर्देशन	:	हबीब तनवीर

(प्रथम प्रस्तुति 'अंतरंग' भारत भवन, भोपाल में 21 दिसंबर 2002 को)

जगनलाल भंडारी (उदय राम) देवराज सार्थी (रामचन्द्र सिंह) को सम्मानित करते हुए। पास ही मदीहा अकरम (चोयती घोष) खड़ी है।

जगनलाल भंडारी (उदय राम) वारेन एन्डरसन (डेविड फ्रांसिस) को फ़ाईल पढ़कर सुना रहा है।

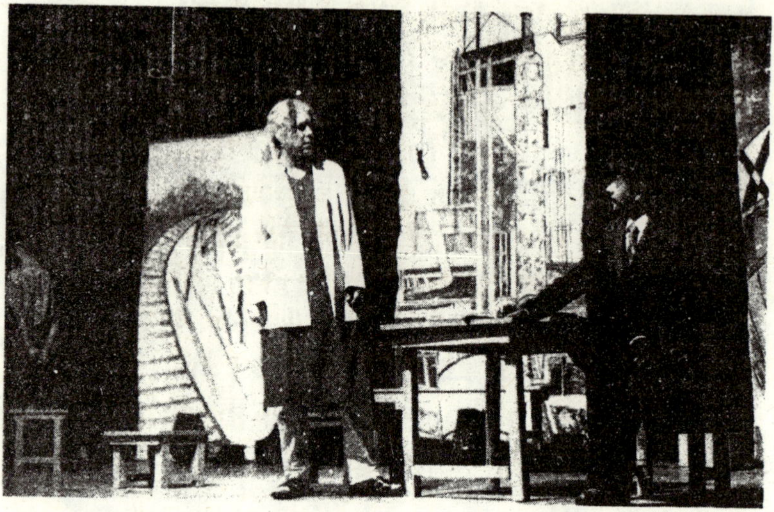

डॉ. सोनिया लेबॉन्ते (टेरी एलन) और पास्कल स्वॉवे (राजीव यादव)
नाटक के एक दृश्य में

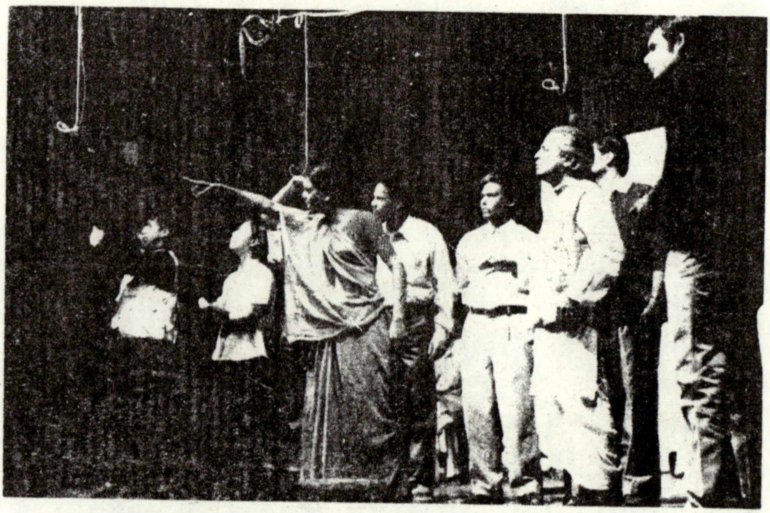

इज़्ज़त बाई (अगेश नाग) जगन लाल भंडारी (उदय राम) को
अपनी झोंपड़ी दिखा रही है।

दृश्य : एक

गीत

ग़ैब से चलने लगी जब
एक ज़हरीली हवा

दिल के फफोलों से भरी
किस-किस के नालों से भरी
ख़ामोश चीख़ों से भरी
ये कहाँ से उठ रही है ऐसी दर्दीली हवा
ग़ैब से चलने लगी जब
एक ज़हरीली हवा।

एक मौज-ए-लहू आ रही है
मौत की जैसी बू आ रही है
कू-ब-कू, सू-ब-सू आ रही है
अपनी बेरंगी में भी है एक ज़रा पीली हवा
ग़ैब से चलने लगी जब
एक ज़हरीली हवा।

(लबादा पहनकर एक आदमी इस तरह मूवमेंट करता है जैसे हर तरफ़ गैस ही गैस हो)

इज़्ज़त की झोपड़ी। सोनिया पुलिसवालों के साथ गुज़र रही है। बच्चे 'पुलिस-पुलिस' कहते हुए उसके पीछे चल रहे हैं। लोग जमा हो गए हैं। सभी उसी तरफ़ चले जाते हैं, जिस तरफ़ सोनिया गई है। देवराज आता है। इधर-उधर देखता है, फिर इज़्ज़त की झोपड़ी पर आकर दस्तक देता है। बच्चे दूर एक कोने से झाँक रहे हैं। इज़्ज़त बाहर आती है।

इज़्ज़त : कौन है रे?

(देवराज को देखकर चौंक जाती है।)

(बच्चों से) काबर जमा होगे हे तुमर चंडाल चौकड़ी, अयं? भागो इहाँ ले माटी मिलो, रोगहा, भड़वा रे, मुरदार कहीं के नईं तो।

(देवराज से) माफ करना साब, मैं समझेंव कोनो पुलिसवाला हे। नाक में दम कर देथें कोढ़िया मन।

देवराज : माफ़ी किस बात की?

इज़्ज़त : ग़रीबन हूँ महराज। ये दे नानचुक कुंदरा में पड़े हों, कानून-कायदा ला हमन का जानबो।

देवराज : इसकी फ़िक्र तुम मत करो।

इज़्ज़त : फिकर काबर नई करबो साब। कोन जाने कोन हा कब आही अऊ "चल-निकल" कहिके झोपड़िया ला तोड़फोड़ दिही। ले गोठिया, का बात हे।

देवराज : वह तुम्हारी बकरी जो मर गई है....

इज़्ज़त : हव, बिहिन्चे मरगे। मैं झूठ नई बोलंव। मोर लइका बर अच्छा दूध देवत रिहिस साब। मोर छाती के दूध तो सुखा गेहे महराज, का करबे। छेरी सिरतौन मर गेहे, देखबे।

देवराज : मुझे तुम पर विश्वास है।

(नोट देता है) ये लो पैसा।

इज़्ज़त : हव। अल्लाह खुस रखे तोला। तैं जुग-जुग जिए।

(पैसा रख लेती है।)

देवराज : ये बात किसी से बताने की नहीं है, समझीं।

इज़्ज़त : जानत हंव, जानत हंव!

देवराज : बस ये सिर्फ़ हमारे बीच रहेगी, ठीक है ना।

इज़्ज़त : भइगे तैं एक बार कहि दे रहेहे, मैं सबर दिन के लिए बात ला पलना में बाँध लेंव। तैं चिंता झन कर।

देवराज : चलो अब अंदर चलें।

इज़्ज़त : हाय अल्लाह, मोर करम फाटगे। मोर कुंदरा तोर बैठे के लायक नई हे महाराज। हम तोर का खातिर करबो। मोर खाना तोर खाए के लायक नई हें, हमर पानी तोर पिए के लायक नई हे। हमर खवाई ला हमूं नई पचास सकन तो तैं कैसे पचा लेबे। *(हँसती है)*

देवराज : मुझे तुमसे कुछ बात करना है। चलो, अंदर चलें।

इज़्ज़त : चल भई।

दृश्य : दो

इज़्ज़त की झोपड़ी। अब झुग्गी झोपड़ी वाले लोग वहाँ नहीं हैं।

इज़्ज़त : साब मैं चाय दुकान जात हंव। कड़क चाय पीबे? मसाला चाय?

देवराज : चाय-वाय रहने दो।

इज़्ज़त : ग़रीबिन हूँ महराज, फिर हमर कुंदरा ले मुँह मीठा करके जाबे। देरी नई लगे। नुक्कड़ करा ले झप ले आथंव।

देवराज : रहने दो, मेरे पास समय भी कम है।

(इज़्ज़त अपनी टोकरी संभालती है। उसमें से एक कमज़ोर बच्चे की आवाज़ आती है)

ये क्या?

इज़्ज़त : जरीना है, मोर बेंदरी।

देवराज : राम-राम, इसे क्या हुआ है?

इज़्ज़त : तोला बयकूफ बनात हे साब बेंदरी हा। मोर बेंदरी, महाचंचल। देख लेबे एक दिन भगवान के दया से येहिच हा मोला सुख पहुँचाही।

देवराज : इसे डॉक्टर को दिखाया है?

इज़्ज़त : हव, वो डॉक्टरनी हे ना। ओकरें करा दिखाए रेहेंव।

देवराज : हूँ, समझ गया, डॉ. सोनिया। अच्छी डॉक्टर हैं वो।

इज़्ज़त : फिर वो नई जाने, एला का बीमारी हे।

देवराज : हूँ, लेकिन तुम्हें क्या बीमारी है, वो जानती हैं? डॉ. सोनिया?

इज़्ज़त : मोर बीमारी? ग़रीबी मोर बीमारी है मालिक।

देवराज : ये बात डॉ. सोनिया जानती हैं?

इज़्ज़त : कैसे केहे?

देवराज : तुम ग़रीब न होती तो ज़रीना बीमार भी न पड़तीं।

इज़्ज़त : मैं नई समझेंव साब।

देवराज : ये नन्हीं-मुन्नी बच्ची, ये क्या जन्म से बीमार रही है?

इज़्ज़त : कैसे गोठियात हस साब। ये मोर बेंदरी एकदम चिक्कन। जनमिस तो अप्सरा बरोबर दिखत रिहिस। फिर अभी बहुत बीमार हे साब।

देवराज : मैंने सुना है कि अड़ोस-पड़ोस के बहुत से बच्चे ज़रीना की तरह बीमार हैं और वो सब इसी औरत, डॉ. सोनिया के पास जाते हैं।

इज़्ज़त : हव। मिहिच तो लेगथंव सब मरीज मन ला ओकर करा।

देवराज : बच्चे ठीक भी हो रहे हैं या नहीं?

इज़्ज़त : *(सोचते हुए)* हूँ, बीना.. ओकर लइका...नईं। बुधिया....नई साब। नई साब ठीक नई होवत हे।

देवराज : डॉ. हॉन्स वाएल को जानती हो?

इज़्ज़त : नई जानंव साब।

देवराज : फ़ैक्टरी के पीछे उनका घर है।

इज़्ज़त : पीला रंग के घर।

देवराज : हाँ, वही।

(कार्ड देते हुए) उन्हें मेरा ये कार्ड देना। वो बहुत अच्छे डॉक्टर हैं। ऊँचे कद के हैं, गुलाबी रंग। येऽऽ... मोटा सिगार हमेशा मुँह में डटा हुआ।

इज़्ज़त : हव, देखेंव ओला मेहा।

देवराज : बस तो उन्हीं के पास ज़रीना को ले जाओ।

इज़्ज़त : हव!

देवराज : अड़ोस-पड़ोस में किसी और का जानवर मर जाए तो मुझे ख़बर करना, मैं मुआवज़ा दूँगा।

इज़्ज़त : वो दे अभी कालि के बात हे, शांता के छेरी घलो मरगें। फेर ओकरेच बात नईये। दो-चार दिन के पहिली कचरी के सूरा घलो खतम होगे।

देवराज : तुमने मुझे बताया क्यों नहीं? अरे भई, मैंने तुमसे कहा था, मैं मुआवज़ा दूँगा।

इज़्ज़त : तैं मोला दे देबे, तो मैं वो मन सबझन ला देवा दूहू पैसा।

देवराज : नई तुम मुझे ख़बर दे दिया करो। मैं उन्हें पैसा किसी न किसी तरह दिलवा दूँगा। असल में तुम लोग गंदे बहुत रहते हो।

इज़्ज़त : साफ-सफाई बर पैसा लग थे साब, कैसे करबे।

देवराज : गंदगी से सारी बीमारियाँ फैलती हैं, जानवरों में भी और बच्चों में भी।

इज़्ज़त : वो मन ला तोर करा भेजंव?

देवराज : नई...मैंने कहा न, बस ख़बर दे दिया करो। हाँ, मगर उनको भी जता देना, कि ये बात किसी से कहने की नहीं है। अगर बात फूट गई तो तुम लोगों की झोपड़पट्टी पर आँच आ सकती है। हो सकता है पुलिसवाले तुम्हें मोहल्ला छोड़ देने के लिए कहें।

इज़्ज़त : तिहिच हमर सहारा अस। अल्लाह तोला खुश रखे।

देवराज : और हाँ, उन औरतों के नाम मुझे बता दो जो डॉ. सोनिया के पास अपने बीमार बच्चे लेकर जातीं हैं।

इज़्ज़त : हव! ले सुन...कस्तूरी, शांता, फरीदा, फूलमती, बब्बन, मीता, इमरती, रोशनी, रानी, ये द्वे।

(देवराज नाम दोहराता है)

देवराज : तुम भी उनसे कह देना, डॉ. सोनिया के पास न जाएँ। बीमार बच्चों को डॉ. वाएल के पास ले जाएँ।

इज़्ज़त : हव, कह दूहूँ।

देवराज : और ये सारी बातें, जो मैंने तुम्हें बताईं हैं डॉ. सोनिया से हरगिज़ मत कहना।

इज़्ज़त : नई कहंव।

देवराज : अच्छा, बस अब मैं चलता हूँ।

(देवराज जाता है। इज़्ज़त उसे दुआएँ देती है)

दृश्य : तीन

मुख्यमंत्री जगनलाल के साथ डॉ. सोनिया लेबॉन्ते जो नज़रबंद है।

सोनिया : फ़ॉर किडनैपिंग?

जगनलाल : जी हाँ, किडनैपिंग के जुर्म में...अपहरण।

सोनिया : यू मस्ट बी जोकिंग।

जगनलाल : ये मत भूलिए कि आप मुख्यमंत्री से बात कर रहीं हैं।

सोनिया : आई एम सॉरी सर!

जगनलाल : डॉ. लेबॉन्ते, मैंने आप पर विश्वास किया। एक महत्वपूर्ण काम के सिलसिले में आपको अपनी सलाहकार समिति का सदस्य बनाया। वो अधिकार जो केवल हिन्दुस्तानियों को दिए जा सकते हैं, वो अधिकार भी मैंने आपको दिलवाए। और अब इत्मिनान से मेरे सामने बैठी आप मुझसे कह रही हैं कि आपने उन अधिकारों का दुरूपयोग नहीं किया....

सोनिया : मंत्री जी, देयर इज़ सम बिग कन्फ़्यूज़न हियर।

जगनलाल : कन्फ़्यूज़न कुछ नहीं है। आपका रिसर्च, आपकी जाँच ये सारे काम मैं बंद करवा रहा हूँ। आपकी लेबोरेटरी हमारे क़ब्जे में रहेगी। जब तक इस कांड की तह तक हम नहीं पहुँच जाते।

सोनिया : आई नीड टू कॉल माई कैनेडियन एम्बेसी।

जगनलाल : कैनेडियन एम्बेसी?

सोनिया : आई एम ए कैनेडियन सिटीज़न।

जगनलाल : उससे क्या होता है?

सोनिया : और यूनॉइटेड नेशंस के इंडिया मिशन से मेरा संबंध है।

जगनलाल : पश्चिमी देशों की ऐसी बहुत सी मिशनरियाँ हमने देखी हैं।

सोनिया : मंत्री जी, आप मेरे साथ.....यू कान्ट डू दिस टू मी!

जगनलाल : ग़रीब, भूखे-नंगे होंगे मेरे लोग। लेकिन इस देश के बच्चे मेरे लिए पवित्र हैं डॉक्टर, समझीं।

(जगनलाल गुस्से में बाहर चला जाता है)

दृश्य : चार

सोनिया नज़रबंद है। कैनेडियन डिप्लोमेट पास्केल स्वॉवे एक ब्रीफ़केस लिए हुए आती है।

स्वॉवे : डॉ. लेबॉन्ते!

सोनिया : हाय!

स्वॉवे : *(अपना बिज़नेस कार्ड देते हुए)* पास्केल स्वॉवे। स्पेशल एसाइनमेंट, गवर्नमेंट ऑफ़ कैनेडा।

सोनिया : थैंक गॉड, यू आर हियर।

स्वॉवे : इट्स माई ड्यूटी टू हेल्प ट्रबुल्ड कैनेडियन्स एब्रॉड।

सोनिया : दे वोन्ट टेल मी, हू चार्ज्ड मी विथ किडनैपिंग?

स्वॉवे : सो लेट्स गेट यू आउट आफ़ हियर।

सोनिया : आप जानती होंगी कि ये आरोप फ़ाल्स हैं।

स्वॉवे : डॉ. लेबॉन्ते! मेरी राय में सबसे अहम बात यह है कि आपको बिना किसी बदनामी के वापस घर पहुँच जाना चाहिए। कैनेडियन होने के नाते हमारा ये फर्ज़ है कि आप बदनामी से भी बचें और गवर्नमेंट ऑफ़ इंडिया आपसे बदज़न भी न हो।

सोनिया : थैंक यू!

स्वॉवे : मुझे जो काम सौंपा गया है, वो यह नहीं है कि मैं उन लोगों की बात पर यक़ीन करूँ और आपकी बातों पर यक़ीन न करूँ...नोऽऽ... फॉरेन एसाइनमेंट्स डॉ. लेबॉन्ते...आर आलवेज़

डिफ़ीकल्ट। मैं आपको सुरक्षित घर वापस पहुँचते देखना चाहती हूँ।

सोनिया : आई डोन्ट वांट टू गो होम। आई वांट टू गेट आउट ऑफ़ द जेल, क्लीयर माई नेम एंड डू माई वर्क।

स्वॉवे : लेकिन आपके लिए बस यही एक रास्ता है। *(ब्रीफ़केस से हवाई जहाज़ का टिकट निकालती है)* यह आप ही के लिए है।

सोनिया : वाट्स दैट?

स्वॉवे : इट हैज़ योर नेम आन इट।

सोनिया : ओके!

स्वॉवे : *(वीज़ा फ़ॉर्म निकालते हुए)* और ये वीज़ा एप्लीकेशन उस औरत के लिए।

सोनिया : वेट ए मिनिट। इज़न्ट दैट सपोज़्ड टू बी ए कॉन्फ़ीडेन्शियल थिंग?

स्वॉवे : कौन सी चीज़?

(एक कागज़ दिखाते हुए)

यह कागज़ का पुर्ज़ा? या वह जो आपने उस औरत की तरफ़ से साइन किया है?

सोनिया : इसमें कोई इल्लीगल बात नहीं है। उसने मुझे साइनिंग अथॉरिटी दे रखी है।

स्वॉवे : फिर आप कॉन्फीडेंशियालिटी के बारे में क्यों परेशान हैं?

स्वॉवे : *(फ़ाइल निकालते हुए)*

और यह फ़ाइल? क्या आपका सारा रिसर्च इस एक फ़ाइल में है?

सोनिया : *(फ़ाइल छीनते हुए)* ओ माई गॉड! यह फ़ाइल डॉ. भालेराव के पास होना चाहिए था। यह आपको कैसे मिला?

स्वॉवे : क्या इसके अलावा कुछ और फ़ाइल भी हैं? डॉ. भालेराव! क्या वो आपके लिए कोई चीज़ छुपाए हुए हैं?

सोनिया : छुपाए हुए हैं? जी नहीं। ही इज़ हेड ऑफ़ माई रिसर्च टीम।

स्वॉवे : वेल डॉ. लेबॉन्ते, कैनेडा ट्रस्टेड यू। कैनेडा ने हिन्दुस्तान में एक विकास योजना के लिए आपको पैसे दिए। हम अशासकीय संस्थाओं को पैसे देते हैं ताकि वो कैनेडियन वैल्यूज़, कैनेडियन क़द्रों को बढ़ावा दें। लेकिन आप हमसे हट गईं। अपने उस काम से दूर हट गईं जिसके लिए आपको पैसे दिए गए थे। आई मीन...योर ओरिजिनल मिशन...और आप डॉ. भालेराव के साथ मिल गईं हैं। वेल! *(कंधे उचकाती है)*

सोनिया : आर यू सजेस्टिंग, भालेराव इज़ लेसर दैन योर कैनेडियन वैल्यूज़?

स्वॉवे : मैं ऐसा कुछ नहीं कहना चाहती लेकिन यहाँ सी.एम. उनके बारे में क्या राय रखते हैं आप अच्छी तरह जानती हैं। बहरहाल अगर आपका यही फ़ैसला है तो आपकी मर्ज़ी... मगर मुझे शक है।

सोनिया : कैसा शक?

स्वॉवे : ये जो आपकी गिरफ़्तारी का खुलेआम ढिंढोरा पिटवाया जा रहा है उसके पीछे चीफ़ मिनिस्टर की सोच क्या है?

सोनिया : आपका मतलब है उन्हें चुप रहना चाहिए?

स्वॉवे : शायद उन्हें इतना ज़रूर समझना चाहिए कि आपकी गिरफ़्तारी से जो उन्हें फ़ायदा है और आपको बरी कराने में जो मेरा उद्देश्य है इन दोनों में बहुत बड़ा फ़र्क़ है। हम लोग जो कैनेडा की गवर्नमेंट के प्रतिनिधि हैं, इस मामले से कुछ परेशान हैं।

सोनिया : इज़ दैट व्हॉट यू केम टू टेल मी ऑल द वे फ़्राम कैनेडा?

स्वॉवे : डॉ. लेबॉन्ते, आपको शायद मालूम नहीं कि तीन महीने बाद कैनेडा के प्राइम मिनिस्टर देहली आने वाले हैं। उनके

साथ ग्यारह मिनिस्टर और दो सौ पचास व्यापारी होंगे और एक कंप्यूटर चिप का डिज़ाइन होगा। अब जो हिन्दुस्तान ने तिजारत के दरवाज़े कैनेडा के लिए खोल दिए हैं इससे बड़ा ट्रेड डेलीगेशन आज तक यहाँ नहीं भेजा गया। मेरा दूसरा मिशन एक यह भी है। यहाँ ट्रेड प्रोटोकॉल खोलना। अब यह जो आपकी गिरफ़्तारी का मामला बीच में आ गया है...मुझे आपकी मदद चाहिए। मैं ऐसी कोई वारदात नहीं चाहती जिसका हमारे प्राइम मिनिस्टर के मिशन पर बुरा असर पड़े।

सोनिया : लेट मी....

स्वॉवे : जो बात हम पहले कर रहे थे उस पर आइए।
(वीज़ा के काग़ज़ वाली तस्वीर दिखाती है)
इस औरत को आप जानती हैं?

सोनिया : इज़्ज़त, हाँ...हाँ ये मेरी पेशेन्ट है।

स्वॉवे : मुझे मालूम है।

सोनिया : यह औरत भी मेरे रिसर्च का एक सबजेक्ट है।

स्वॉवे : आपने उससे क्या कहा डॉ. लेबॉन्ते?

सोनिया : व्हॉट डू यू मीन?

स्वॉवे : क्या आपने उसे साफ़ तौर से बताया कि आप अपने रिसर्च में उसके मुताल्लिक़ किस नतीजे पर पहुँची हैं... बिल्कुल स्पष्ट।

सोनिया : जी हाँ।

स्वॉवे : कितना स्पष्ट?

सोनिया : *(तंग आकर)* मैंने बताया कि उसे ल्यूकोमिया है और वह सर्विकल इरोज़न से मर सकती है। सर्विकल इरोज़न या बच्चेदानी के लिम्फ़ोसिरकॉमा के कारण और अगर वह ज़िन्दा बची तो उसकी औलाद म्यूटेजेनिक रहेगी और केमिकल एड्स से मर जाएगी।

स्वॉवे : केमिकल एड्स! इतना बड़ा बॉम्बशेल और ये सारी बातें वो समझ गई?

सोनिया : डिड यू टॉक टू हर?

स्वॉवे : आपके खिलाफ़ सारे गवाहों से बात करना मेरा फर्ज़ है।

सोनिया : गवाह?

फ़्लैशबैक

सोनिया की क्लीनिक। इज़्ज़त फर्श पर लेटी है। कोरस के लोग सोनिया के सहयोगी बन जाते हैं और इज़्ज़त के पेट और पेट के नीचे के हिस्से का मुआयना करते हैं।

इज़्ज़त : मोर पेट अब्बड़ जरत है, भीतर सब आग लग गेहे डॉक्टरनी साब।

सोनिया : ये कब शुरू हुआ? एक महीना पहले? एक साल पहले? दो साल पहले? दस साल?

इज़्ज़त : दस मिनिट पहले। भइगे तैं जा।

सोनिया : माहवारी ठीक है? ख़ून बराबर जारी है?

इज़्ज़त : बाढ़ गे हे। अब्बड़ खून बोहात है, डॉक्टरनी साब!

सोनिया : गाढ़ा-गाढा? सूखा?

इज़्ज़त : गंदा, बहुते देर तक बोहात रथे।

सोनिया : हूँ, पाँव खोलो।

इज़्ज़त : नई!

सोनिया : कुछ नहीं होगा, पाँव खोलो।

इज़्ज़त : नई!

(सोनिया ताक़त लगा कर इज़्ज़त के पाँव खोलना चाहती है)

नई डॉक्टरनी साब वहाँ सब खराब है।

सोनिया : *(उँगलियों से दबाते हुए)* मुझे देखने दो।

इज़्ज़त : मैं बैठ जाऊँ?

सोनिया : नहीं, मुझे देखने दो।

इज़्ज़त : मैं ठीक हंव, मोला ये सब नई जाही। जरीना के बाबू मर गेहे।

सोनिया : मैं जानती हूँ, मगर मैं देखना चाहती हूँ।

इज़्ज़त : डॉक्टरनी साब! कंपनी के डॉक्टर....

सोनिया : क्या!

इज़्ज़त : देखेबर रिहिस। मैं केहेंव मैं ठीक हंव।

सोनिया : व्हॉट? डिड यू गो टू कार्बाइड इंटरनेशनल्स कंपनी डॉक्टर? हॉन्स वाएल? डिड यू? डॉ. हॉन्स वाएल?

इज़्ज़त : अयं!

सोनिया : बिग हेयर, मुस्ताच!

इज़्ज़त : वइाल हंस!

सोनिया : गईं थीं?

इज़्ज़त : नई!

सोनिया : गुड!

इज़्ज़त : वो मोर करा आए रिहिस।

सोनिया : सीधा जवाब दो इज़्ज़त।

इज़्ज़त : उहूँऽऽ.... सार्थी साब मोर घर आय रिहिस मदद करेबर।

सोनिया : मिस्टर देवराज सार्थी? द सी.ई.ओ. ऑफ़ कार्बाइड इंटरनेशनल? ही केम टू सी यू?

इज़्ज़त : हव, वो मोर मदद करत रिहिस।

सोनिया : पैसे से?

इज़्ज़त : अल्लाह ओला खुश रखे।

सोनिया : हाँ..हाँ...अल्लाह उसे ज़रूर खुश रखेगा, ही विल हेल्प यू ऑल...राइट!

(इज़्ज़त के पेट की तरफ़ इशारा करते हुए)

वो इसे काटकर फेंक देगा और तुम्हारी ज़रीना हमेशा-हमेशा के लिए चली जाएगी।

इज़्ज़त : ऐसन झन कह भई!

सोनिया : तुम्हें दूसरे डॉक्टर को दिखाने से मना किया था। तुमने वादा किया था इज़्ज़त...तुमने मुझसे वादा किया था। *(इज़्ज़त ख़ामोश)*
अब जाओ साफ़ करो।

इज़्ज़त : मोला माफी दे डॉक्टरनी साब।

सोनिया : बस अब जाओ।
(इज़्ज़त टाँगें धोने चली जाती है। स्वॉवे की आवाज़ जेल से आती है)

स्वॉवे : अच्छा, तो मिस्टर सार्थी स्लम के अंदर उसकी झोपड़ी में उससे मिलने गए। उसके बाद वो कंपनी डॉक्टर के पास गई? ठीक है ना?

सोनिया : ठीक है।
(अब इज़्ज़त क्लीनिक के बाहर अपने पैर धो रही है। सोनिया उसके पीछे आती है और इज़्ज़त को कुछ तस्वीरें दिखाती है)

सोनिया : ये औरतें कहाँ हैं?

इज़्ज़त : कौन, हसीना? कस्तूरी?

सोनिया : तुम उनके सैंपल्स क्यूँ नहीं लाईं? और वो लोग मुझसे मिलने क्यों नहीं आईं?

इज़्ज़त : ओ मन नई मिले कखरो से।

सोनिया : मगर मैं मिलना चाहती हूँ। मैं उनके बच्चों को एग्ज़ामिन करना चाहती हूँ।

इज़्ज़त : बाईमान बात नहीं करें।

सोनिया : क्यूँ?

इज़्ज़त : घर में कोई मर जाए तो कोई का बात करही, तिही बता।

सोनिया : सो द बेबीज़ आर डेड? देअर बेबीज़ आर डेड? हाऊ कम? आई नेवर सॉ एनी डेथ सर्टिफ़िकेट!

(इज़्जत सिर हिलाकर 'हाँ' कहती है)

वो कैसे? मैंने कोई डेथ सर्टिफ़िकेट नहीं देखा?

इज़्ज़त : का केहे?

सोनिया : मेरी जाँच के अंदर जब कोई मर जाता है तो ज़रूरी है कि मैं डेथ सर्टिफ़िकेट दूँ और डॉ. भालेराव उस पर सिग्नेचर करें।

इज़्ज़त : ये तैं मोला कहाँ बताए रेहे।

सोनिया : लिसन टू मी केयरफ़ुली इज़्ज़त...व्हॉट आई एम डूइंग इज़ गुड फॉर यू, अंडरस्टैंड? व्हॉट आई एम डूइंग फॉर यू इज़ समथिंग, नो बॉडी एल्स वुड डू एंड इट्स द बेस्ट थिंग फ़ॉर ज़रीना, डू यू अंडरस्टैंड? इसीलिए मैंने तुम्हें अपना प्लान बताया। जिस पर तुमने सिग्नेचर किए हैं।

इज़्ज़त : वो अंगूठा वाले बात?

सोनिया : तुमने किसी को बताया तो नहीं?

इज़्ज़त : कैनेडा जायेबर? मैं और जरीना न? वो अंगूठा वाले बात हे ना? नई भई मैं कखरो करा नई बताए हंव।

फ़्लैशबैक समाप्त

जेल। सोनिया स्वॉवे के सवालों से थकी हुई नज़र आती है।

सोनिया : एंड देन आई टोल्ड हर दैट आवर एन. जी. ओ. विल लुक आफ़्टर ऑल द फाइनेन्शियल ऑसपेक्ट्स।

स्वॉवे : इसलिए कि वो तुम्हारी स्टार सबजेक्ट थी। हिरोइन थी और फिर तुमने उससे थम्ब प्रिंट ले रखा था ताकि वो किसी और डॉक्टर को न दिखाए।

सोनिया : यस, वेल नो...। नॉट रियली, आई वाज़ जस्ट ट्राईंग टू कीप हिम अवे फ़्रॉम माई पेशेन्ट।

स्वॉवे : हिम! क्या मतलब?

सोनिया : कार्बाइड इंटरनेशनल के डॉक्टर को।

स्वॉवे : डॉ. हॉन्स वाएल?

सोनिया : जी। दी एक्स पेंटागॉन मैन।

स्वॉवे : डॉ. लेबॉन्ते। आप दुनिया के एक चोटी के टॉक्सीकॉलाजिस्ट की बात कर रहीं है। क्या आप यह कहना चाहती हैं कि वह दूरदराज़ का सफ़र करके हिंदुस्तान आपके मरीज़ों को चुराने के लिए आए हैं?

सोनिया : हाँ, अगर नहीं तो आप उनसे पूछें कि एक चोटी के टॉक्सीकॉलाजिस्ट कार्बाइड इंटरनेशनल में क्या कर रहे हैं?

स्वॉवे : जी, वो यही जवाब देंगे कि एक कैनेडियन एन. जी. ओ. यहाँ के स्लम में क्या कर रही है।

सोनिया : फिर आप अपनेआप से ज़रा यह पूछें कि मिस्टर सार्थी उस स्लम में क्या कर रहे हैं? बल्कि आप तो उनसे यह पूछें कि वो उन झोपड़ियों में माँओं से मिलने क्यों जाते हैं? कार्बाइड इंटरनेशनल का सी. ई. ओ. इन औरतों में क्या दिलचस्पी रख सकता है? उनसे पूछिए, वो मेरी मरीज़ इज़्ज़त से मिलने क्यों गए थे? पूछिए?

स्वॉवे : ज़रूर पूछूँगी।

दृश्य : पाँच

वही घटना हमारे सामने आती है जो कंपनी में पहले घट चुकी थी। इज़्ज़त टोकरी लिए बैचेनी से इंतज़ार करती हुई नज़र आती है। मदीहा गुस्साभरी नज़रों से उसे देख रही है।

इज़्ज़त : मेमसाब!

मदीहा : मैं तुमसे कितनी बार कह चुकी हूँ कि मुझे मेमसाब मत कहो।

इज़्ज़त : मै साब ला साब कथंव, भइगे तहाँले मेमसाब ला मेमसाब कथंव।

मदीहा : तुम मुझसे क्या चाहती हो?

इज़्ज़त : साहब ला खोजत रेहेंव।

मदीहा : क्यों, क्या कोई बकरी है? या कुत्ता, चूहा? इस बार क्या लाई हो? हम तुम्हारे मुर्दा जानवरों के लिए अब पैसा-वैसा कुछ नहीं देने वाले हैं। रास्ता नापो *(अवकाश)* अच्छा मुझे दिखाओ ज़रा...

इज़्ज़त : *(टोकरी बचाते हुए)* नई वो साब के लिए है...

मदीहा : तुम शायद पैसा ज़ुटने के लिए ख़ुद ही अपने जानवरों को मार देती हो। तुम साब को चकमा दे सकती हो लेकिन मुझे बेवक़ूफ़ नहीं बना सकती।

(देवराज का प्रवेश। मदीहा खड़ी हो जाती है)

मदीहा : ओ मिस्टर सार्थी! मिस्टर सार्थी!

(इज़्ज़त टोकरी लिए सार्थी की तरफ बढ़ती है)

इज़्ज़त : साब!

मदीहा : क्या है?

(इज़्ज़त टोकरी देना चाहती है। देवराज टोकरी हाथ में लेते हुए झिझकता है। इज़्ज़त उससे मिन्नत करती है। उसे टोकरी देने पर तुली है। मदीहा उससे पीछा छुड़ाने में लगी है। एक साथ बोल उठते हैं)

मदीहा : एक और मुर्दा जानवर!

देवराज : मिस अकरम!

इज़्ज़त : *(देवराज से)* देख तो साब!

मदीहा : जो कि उसका हो नहीं सकता। मुझे यक़ीन है।

इज़्ज़त : अऊ हालत खराब होगेहे साब। बने देख ले तेहा।

मदीहा : शायद सड़क से उठा लाई है ये।

देवराज : ज़रा रुकिए मिस अकरम! मदीहा!!

मदीहा : इस औरत को एक पाई न दीजिएगा।

इज़्ज़त : *(टोकरी की तरफ़ जाते हुए) मैं तोर पाँव परत हंव एक कनी देख तो लेले।*

मदीहा : ये कहती हैं कंपनी उसके जानवर मार रही हैं। ये लोग ख़ुद अपने जानवर आप मार रहे हैं।

इज़्ज़त : *(मदीहा से)* तैं झन देख भई, तैं झन देख।

(मदीहा टोकरी के ऊपर का चीथड़ा उठा फेंकती है। टोकरी के अंदर देखते ही उसके मुँह से एक चीख़ निकल जाती है। इज़्ज़त टोकरी झपटकर एक कोने में भाग जाती है। सन्नाटा छा जाता है। देवराज इज़्ज़त के पास जाता है और टोकरी के अंदर देखता है)

देवराज : *(इज़्ज़त से)* अब और तुम मुझसे क्या चाहती हो? तुमसे कहा था उसे हॉन्स के पास ले जाओ? डॉ. वाएल! वहाँ नहीं गईं?

इज़्ज़त : लेगे रेहेंव, हालत अऊ खराब हो गेहे।

देवराज : *(सौ-सौ रुपये के दो नोट देते हुए)* इलाज वही करेंगे। मैं डॉक्टर नहीं हूँ। तुम्हें कुछ और पैसों की ज़रूरत हो तो मुझसे ले सकती हो, यह लो...

मदीहा : यह आप बहुत बड़ी ग़लती कर रहे हैं।

देवराज : अरे रख लो, रख लो दूध के काम आएगा और उन्हीं के पास जाओ।

इज़्ज़त : बस अल्लाह एला बचा ले साब।

देवराज : तुम उन्हीं का इलाज जारी रखो...समझीं...कभी-कभी इलाज में देर लगती है।

(इज़्ज़त जा रही होती है कि उधर से सोनिया आती है।)

सोनिया : *(पुकारते हुए)* इज़्ज़त! इज़्ज़त!

इज़्ज़त : मै नो हों। मै नो हों।

(इज़्ज़त चोरों की तरह भाग निकलती है)

सोनिया : *(उसे पुकारते हुए)* इज़्ज़त! तुम यहाँ क्या कर रही हो?

(इज़्ज़त नहीं रूकती-सोनिया देवराज के ऑफिस में दनदनाती चली आती है। देवराज से।)

सोनिया : *(उसे पुकारते हुए)* **इज़्ज़त! तुम यहाँ क्या कर रही हो।**

(इज़्ज़त नहीं रुकती। सोनिया देवराज के ऑफिस में दनदनाती चली आती है। देवराज से)

हू इज़ शी गोइंग टू सी?

देवराज : क्या हमने यहाँ मिलना तय किया था?

सोनिया : मे आई स्पीक विद यू इन प्राइवेट?

देवराज : *(मदीहा से)* मिस अकरम! क्या अभी तक आपकी घड़ी में दो नहीं बजे हैं? *(सोनिया से)* आई एम सॉरी डॉक्टर, यू विल हैव टू मेक एन एपाइंटमेंट!

सोनिया : व्हॉट इज़ योर कंपनी डॉक्टर ट्रीटिंग?

देवराज : आप उन्हीं से क्यों नहीं पूछ लेतीं। यह कोई अस्पताल

नहीं है।

सोनिया : हाऊ इज़ ही ट्रीटिंग कार्बाइड थंडर?

मदीहा : कार्बाइड थंडर कोई मर्ज़ नहीं है।

देवराज : *(फ़ाइल देते हुए)* मिस अकरम प्लीज़...ये अशरफ़ को दे दीजिए और उससे कहिए, सेफ़्टी वॉल्व्स चेक करें।

(मदीहा फ़ाइल ले लेती है मगर जाती नहीं है। एक तरफ़ हटकर उन लोगों की बातें सुनती रहती है)

सोनिया : व्हॉट एक्ज़ेक्टली इज़ हॉन्स वाएल डूइंग इन द डेप्थ्स ऑफ योर चेरिटेबल हॉस्पिटल?

देवराज : अपनी एन. जी. ओ. की गहराईयों में बैठीं आप क्या कर रहीं हैं?

सोनिया : व्हॉई हैव हसीना एंड कस्तूरी स्टाप्ड कमिंग टू माई क्लीनिक?

देवराज : भगवान के लिए मुझे बताएँ, आप किन लोगों की बात कर रहीं हैं?

सोनिया : वीमेन एंड देयर बेबीज़ हू आर पार्ट ऑफ़ माई रिसर्च।

देवराज : डॉक्टर मेरे पास इन बातों के लिए अभी वक़्त नहीं है। प्लीज़ मेक एन एपाइंटमेंट।

सोनिया : आई नो व्हॉई यू वांट टू बाय इज़्ज़त आउट ऑफ़ माई स्टडी।

देवराज : आपकी जाँच–पड़ताल, आपका रिसर्च बकवास है डॉक्टर!

सोनिया : फिर आपको मेरे रिसर्च से डर किस बात का है?

मदीहा : *(देवराज से)* आप कहें तो मैं सिक्योरिटी को बुलाऊँ।

देवराज : मिस अकरम प्लीज़, फाइल राहुल को दे दीजिए।

सोनिया : आइ वुड लाइक टू सी द लिस्ट ऑफ पेशेन्ट, हॉन्स इज़ ट्रीटिंग...एंड मे बी स्टीलिंग।

देवराज : डॉ. लेबॉन्ते! मेरे पास इन बातों के लिए समय नहीं है।

सोनिया : अगर हॉन्स वाएल इज़्ज़त को हाथ लगाएँगे और उसकी बच्ची को कोई ऐसी-वैसी बात हो जाएगी तो आप याद

रखिए...

देवराज : आप मेरी आँखों के सामने से दूर हो जाएँ...गुड डे डॉक्टर!

सोनिया : डोण्ट फ़ॉरगेट मि. सार्थी, प्रोग्रेस ज़ोन ऑर नो प्रोग्रेस ज़ोन, आई नो अबाउट द एनीमल चेरिटी एंड योर कंपनीज़ कवर-अप।

मदीहा : कवर-अप?

देवराज : मिस अकरम, प्लीज़।

सोनिया : बाइंग सायलेंस! आर यू गोइंग टू बाइ द डेड बेबीज़ टू?

मदीहा : क्या कहा?

सोनिया : इनसे पूछिए!

दृश्य : छह

नज़रबंदी का कमरा। सोनिया और स्वॉवे।

सोनिया : हिज़ कंपनी इज़ वायलेटिंग मोर दैन वन ऑफ़ द इंडियाज़ इंडस्ट्री लॉज़।

स्वॉवे : व्हॉट लॉज़?

सोनिया : आपरेटिंग ए प्लांट विदिन 25 माइल्स ऑफ़ ए पापुलेटेड एरिया, दैट्स ब्रेकिंग द लॉ।

स्वॉवे : देखिए, ये उनका मुल्क है। क़ानून इतने ज़्यादा हैं कि उनका उल्लंघन न हो, ये असंभव है।

सोनिया : मतलब हिंदुस्तानी लोग आपकी नज़र में क़ानून तोड़ने वाले लोग हैं।

स्वॉवे : ये मैंने नहीं कहा।

सोनिया : फिर?

स्वॉवे : मेरा मतलब उनके क़ानून उनकी अपनी ज़िम्मेदारी हैं।

सोनिया : कार्बाइड अपनी केमिकल एड्स हर झील, हर तालाब जहाँ-तहाँ उंडेले जा रहा है। बच्चे उसी पानी में नहाते हैं, खेलते हैं, और ऐसी-ऐसी बीमारियों का शिकार होते रहते हैं जो मेडिकल साइंस जानता भी नहीं।

स्वॉवे : अननोन टू मेडिकल साइंस! क्या मतलब?

सोनिया : अगर कोई यह देखना चाहे कि इंसान का बच्चा हमेशा इंसान का बच्चा नहीं रह जाता तो उसे यहाँ आकर देखना

चाहिए।

स्वॉवे : मैं यहाँ आई हूँ आपको बरी करवाने के लिए, डॉ. लेबॉन्ते।

(ख़त निकाल कर)

सो विल यू साइन दिस?

सोनिया : साइन व्हाट?

स्वॉवे : आपके ख़िलाफ़ आरोप बहुत गंभीर हैं।

सोनिया : *(कुछ देर सकते में आ जाती है)*

क्या आप मुझे गिल्टी समझ रही हैं?

स्वॉवे : वेल! मैं आपको बता दूँ कि मैं देहली जाऊँगी और कैनेडियन हाईकमीशन से बात करूँगी। इस बीच आप अपने ऑप्शंस पर ग़ौर कर लें।

(स्वॉवे का प्रस्थान)

दृश्य : सात

जगनलाल का दफ़्तर। ख़ुशहाली का समाँ। मेहमान बैठे हैं। देवराज और मदीहा आते हैं। जगनलाल बड़े तपाक से उनका स्वागत करता है।

जगनलाल : भाइयों और बहनों, श्री देवराज सार्थी।

देवराज : मंत्री महोदय को हार्दिक धन्यवाद। इस सम्मान के लिए मैंने आख़िर क्या किया है?

जगनलाल : मैं आपके हाथ अपने हाथों में लेता हूँ। श्रीमान् सार्थी आप एक महान एन. आर. आई. हैं।

देवराज : एन. आर. आई.!

मदीहा : नॉन रेज़िडेंट इंडियन!

देवराज : नॉट रियली इंडियन! *(हँसता है)*

जगनलाल : मैडम को आदाब पेश करता हूँ।

मदीहा : *(हाथ मिलाते हुए)* मदीहा अकरम, मंत्री महोदय।

जगनलाल : औरतें बराबरी बरतें। ज़माना कितनी तेज़ी से आगे बढ़ रहा है।

(थोड़ी देर सब स्तब्ध)

आप लोग अंदाज़ा नहीं लगा सकते। इस डिनर का मैं कितनी बैचेनी से इंतज़ार करता रहा हूँ।

(देवराज से) आप भाषण के लिए तैयार हैं?

देवराज : भाषण?

जगनलाल : ए लिटिल आफ़्टर डिनर स्पीच!

मदीहा : बिल्कुल। ज़रूर कुछ बोलिए।

देवराज : पीपुल्स प्रोग्रेस ज़ोन के विषय पर?

जगनलाल : मैं आपका परिचय कैसे दूँ। लोग कहते हैं, निर्धन और दीन लोगों की सहानुभूति ने आपको अंधा बना दिया है।

मदीहा : इसमें क्या शक है।

जगनलाल : और आपको पशुओं से भी प्यार है।

मदीहा : वालिहाना प्यार।

जगनलाल : वह कैसे? इसका परिचय मैं किस तरह दूँ।

मदीहा : इन्हीं ने जानवरों की सुरक्षा और कुशलता के लिए एक फ़ंड स्थापित किया हैं।

जगनलाल : हाँ, हाँ, मैंने इसके बारे में चमत्कारी बातें सुनी हैं।

देवराज : दी एनीमल चेरिटी फ़ंड, ये एक पब्लिक सर्विस है। कभी-कभी, ख़ासतौर से इस ज़माने में, सूखे के कारण जानवर मर जाते हैं और लोग उन्हें गड्ढों में फेंक देते हैं और वे जानवर सड़ने लगते हैं।

मदीहा : और जब वे सड़ने लगते हैं तो पीने के पानी को अशुद्ध बना देते हैं।

देवराज : थैंक यू मिस अकरम! जी हाँ, बीमारी न फैले इसलिए हम चाहते हैं कि लोग अपने मरे हुए जानवर कार्बाइड इंटरनेशनल लाएँ, हम उन्हें उसका मुआवज़ा देते हैं। इससे उन ग़रीबों की मदद भी हो जाती है और कंपनी की इमेज भी बनी रहती है। इसी का नाम हमने एनीमल चेरिटी फ़ंड रखा है।

जगनलाल : पशु मुआवज़ा कोष!...कॉम्पनसेशन!...ब्रिलिएंट!

मदीहा : चेरिटी...

जगनलाल : एक्सेलेंट! अभी कल तक अमरीका अपने हिप्पीज़, अपने हरे रामा, हरे कृष्ण वाले भक्त, फ्लावर पावर के हशीश के पुजारी भेजता रहा। मिस्टर सार्थी अब आपमें मैं एक नया

मनुष्य देख रहा हूँ...एक बेमिसाल एन. आर. आई. जिसने अमरीका से शिक्षा प्राप्त की, डिज़ाइन सीखा, प्रोडक्शन सीखा और फिर अपनी मातृभूमि के उद्धार के लिए वापस चला आया।

फ़्लैशबेक

स्पॉट लाईट में एंडरसन नज़र आता है। यह वह वक़्त है जब एंडरसन कार्बाइड इंटरनेशनल की हिंदुस्तानी शाखा की सी. ई. ओ. की पोस्ट के लिए देवराज का इंटरव्यू ले रहा होता है।

देवराज : फ़्रॉम लखनऊ, इंडिया, सर।

एंडरसन : और तुम हमारे कार्पोरेशन में हो। हाऊ लाँग?

देवराज : एट ईयर्स।

एंडरसन : एंड नाऊ यू वांट टू गो बैक होम?

देवराज : एक चैलेंज, जिसका मुझे इंतज़ार है।

एंडरसन : डी. डी. टी. के बारे में तुम्हारा क्या विचार है?

देवराज : इन माय ओपिनियन सर, कार्बाइड थंडर मस्ट रिप्लेस डी. डी. टी।

एंडरसन : यू वुड लाइक टू बी नोन एज़ द लास्ट सेल्समेन आफ़ डी. डी. टी।

देवराज : यस सर, यू सी, डी. डी. टी. पक्षियों की आबादी में दरयाफ़्त हुआ है।

एंडरसन : *(इम्तेहान लेते हुए)* राइट! मगर इसने मलेरिया से लाखों ह्युमन बींगूस को बचाया भी है।

देवराज : लेकिन सर, डी. डी. टी. एक वेलनोन कार्सीनोजन है। यू सी सर, मेरी दृष्टि में कार्बाइड थंडर ज़्यादा प्रभावशाली है। इफ़ेक्टिव है। यह केवल पक्षियों की सुरक्षा नहीं करता

बल्कि नॉन कार्सीनोजेनिक होने के नाते उसका मैनुफ़ैक्चर करना दसगुना सस्ता है। इसके अलावा मैं सिद्ध कर सकता हूँ सर कि उसका प्रोडक्शन अमरीका की तुलना में हिन्दुस्तान में और भी ज़्यादा सस्ता होगा।

एंडरसन : जिससे इंडिया की ट्रेड बढ़ सकती है।

देवराज : जी, जो कि इंडिया डिज़र्व करता है।

एंडरसन : आल पुअर कंट्रीज डिज़र्व इट।

देवराज : इंडिया पुअर नहीं है सर! इट इज़ नाट पुअर! इट्ज़ सिंपली फ़ॉरगॉटन।

एंडरसन : आई लाइक मिस्टर सार्थी! द् हीरोज़ आफ द वर्ल्ड, द मैन हू हैव विज़न एंड टेक रिस्क्स।

देवराज : विकास मतलब डेवलॅपमेंट संभव नहीं है सर, बिना रिस्क लिए। लेकिन अगर ये रिस्क करोड़ों भूखे आदमियों को भूख और फ़ाक़े से बचा सकता है तो फिर ये रिस्क सार्थक है सर। विश्वास कीजिए मिस्टर एंडरसन, गिवन द् चाँस, मैं आपको बता दूँगा कि कार्बाइड थंडर अनेक ज़िंदगियों को बदल देगा। इट विल टच मेनी लाइव्स।

एंडरसन : मिस्टर सार्थी, व्हॉट इज़ योर विज़न फ़ॉर इंडिया?

फ़्लैशबैक समाप्त

(देवराज अपने इंटरव्यू की स्मृति से वापस आता है और जगनलाल के साथ बातें करता नज़र आता है)

देवराज : पीपुल्स प्रोग्रेस ज़ोन, ये समझिए कि ये ज़ोन देश के अंदर बसा हुआ एक देश है।

जगनलाल : अच्छा!

देवराज : हाँ मगर नौकरशाही सीमाओं से परे। एक डीरेग्यूलेशन का देश, जहाँ नियम-क़ानून का कोई बंधन नहीं।

जगनलाल : ओके!

देवराज : और मेरी दृष्टि में लाभदायक केमिकल्स बनाने का सबसे इफ़ेक्टिव तरीका यही है।

जगनलाल : मतलब पेस्टीसाइड्स!

देवराज : आपने मेरे पेपर में देखा होगा, मैंने कहा है कि पेस्टीसाइड्स कम से कम पच्चीस साल...क्वॉर्टर सेंचुरी के विकास का आधार रहा है। व्हॉट वी कॉल सस्टेंड ग्रोथ एंड दैट मीन्स अंडर पीपुल्स प्रोग्रेस ज़ोन प्लान। मतलब यह जो हमने प्लान बनाया है, उसके अनुसार हम पाँच से दस हज़ार टन कार्बाइड थंडर पैदा कर सकते हैं किन्तु क्वांटिटी इतनी महत्त्वपूर्ण नहीं है।

जगनलाल : अच्छा!

मदीहा : इट्स दि क्वालिटी। पेस्टीसाइड्स अमन और शांति के लिए है, वह युद्ध के केमिकल्स की तरह नहीं है।

जगनलाल : राइट। मतलब पेस्टीसाइड्स का युद्ध कीड़ों के साथ है... ...हा...हा...

मदीहा : ऑफ़कोर्स, कीड़े ग़रीबों को भूखा छोड़कर उनका अनाज नहीं खा सकेंगे। लेकिन मंत्री महोदय मैं आपको एक और बात बताऊँ...वर्तमान में एक औसत व्यक्ति का जीवन, जैसे मुझे देख लीजिए मेरा अपना जीवन, उन्नीसवीं शताब्दी के किसी महाराजा से कहीं बेहतर है और ऐसा क्यूँ...? इसका कारण है वह रसायन जो कार्बाइड बना रहा है।

जगनलाल : वो सब ठीक है, मगर मुझे कुछ और चिंता है। मैंने ये अफ़वाह सुनी है कि डॉ. भालेराव और डॉ. लेबॉन्ते पीपुल्स प्रोग्रेस ज़ोन के विरुद्ध जूडिशियल एक्शन का प्लान बना रहे हैं और नालिश करने वाले हैं।

मदीहा : अरे वह औरत! वह कहती है कार्बाइड थंडर जनता के लिए ज़हर है। वह औरत अपनी हरकतों से बाज़ ही नहीं

आती। वह तो यहाँ तक...

देवराज : *(मदीहा को रोकते हुए)* मिस अकरम!
(जगनलाल से) इनकी चिंता यह है कि शायद कोई व्यक्ति कार्बाइड थंडर पी न जाए।

जगनलाल : थंडर पी जाए?

देवराज : मानो पेस्टीसाइड्स कोई पीने की चीज़ हो। लेकिन देखिए कार्बाइड थंडर अगर आपके शरीर में घुस भी जाए...

जगनलाल : मेरे शरीर में?

देवराज : तो क्या होगा? बस ज़रा सी खाँसी, ज़रा सी छींक, ज़रा सी खुजली। लेकिन वो होगी हाइड्रोलाइज़्ड।

जगनलाल : ओ! *(फिर कुछ सोचकर)* क्या?

देवराज : हमारी कंपनी के डॉ. हॉन्स वाएल का कहना है कि वह गैस आँखों के रास्ते से बाहर आ जाएगी।

जगनलाल : आँसुओं की तरह?

देवराज : जी, पानी की तरह।

जगनलाल : बहुत ख़ूब। क्या आपकी भोपाल की फ़ैक्टरी अमरीका की फ़ैक्टरी से बिल्कुल मिलती जुलती है?

देवराज : ऑफ़कोर्स!

जगनलाल : और वो जानते हैं कि उनका कार्बाइड थंडर भी उनकी आँखों से बह निकलेगा उसी तरह जिस तरह हमारा?
(देवराज सर हिलाकर 'हाँ' कहता है।)
कोई सबूत?
(देवराज ख़ामोश रहता है। मदीहा बोल उठती है)

मदीहा : मंत्री महोदय, चलिए लोगों को हम इस डिनर पर आमंत्रित करें और फिर उन्हें कार्बाइड थंडर पिलाएँ।

देवराज : मिस अकरम!

जगनलाल : जी?

मदीहा : जी हाँ। यह सिद्ध करने के लिए कि वह उनकी आँखों से

बह जाएगा, बिल्कुल आँसुओं की तरह।

जगनलाल : क्या बात कही है, ब्रिलिएंट।

देवराज : ऑफ़कोर्स, हमें ऐसा करने की ज़रूरत नहीं होगी।

फ़्लैशबैक

इंटरव्यू रूम में एंडरसन उसी जगह खड़ा है।

एंडरसन : मिस्टर सार्थी, आई मीन हाऊ डू यू सी कार्बाइड इंटरनेशनल चेजिंग इंडिया?

देवराज : इंडिया में हरतरफ़ क्या फैला हुआ है, खचाखच झुग्गी-झोपड़ियाँ, ओवर पापुलेटेड स्लम्स, बीमारी, भूख, गंदगी। मैं लखनऊ के पास के एक गाँव का रहने वाला हूँ...मैं अपने देश को बेहतर जानता हूँ। कार्बाइड इंटरनेशनल इंडिया के गाँव-गाँव तक पहुँच कर रहेगा।

एंडरसन : यस, कार्बाइड इंटरनेशनल विल टच एवरी लाईफ़। मिस्टर सार्थी, आवर भोपाल प्लांट विल बी इन गुड हैंड्स...आई एम श्योर।

देवराज : थैंक यू सर!

फ़्लैशबैक समाप्त

देवराज अपनी स्मृतियों से वापस आता है और उसका डिनर के बाद वाला भाषण शुरू होता है।

देवराज : मंत्री महोदय, मैं आपके ऑफ़िस की तरफ़ आ रहा था। रास्ते में मुझे स्लम मिले। कूड़े-कचरे से भरे हुए। दम घोंट देने वाली गर्मी, चारों तरफ मैला, मल-मूत्र और उसकी सख़्त बदबू। गलियों में कुछ लोग नज़र आए, शराब में धुत्त। नन्हें-नन्हें बच्चे नज़र आए, अपनी माँओं की छाती

से लटके हुए, सात-आठ बरस की उम्र के बालक। सुता हुआ चेहरा जिससे साफ़ ज़ाहिर हो रहा था कि अगर मैं उन्हें कुछ चिल्हर न दूँ तो वो भूख से दम तोड़ देंगे। एक औरत मिली, एक गरीब औरत इज़्ज़त नाम की जिसने मुझे बताया कि उसका बच्चा कृमि के मारे मर गया। उसके शरीर से कीड़े निकल पड़े थे...क्यूँ, ये सब कैसे हुआ... कार्बाइड थंडर...जी नहीं...वी मस्ट आलवेज़ थिंक ऑफ़ सेफ़्टी फर्स्ट। हमें हमेशा पहले सुरक्षा का ख़्याल रखना होता है। लेकिन माहौल और पर्यावरण की सुरक्षा बेकार है जब तक हम ग़रीबी पर हमला नहीं करते। सबसे पहला काम ग़रीबी पर धावा क्योंकि ग़रीबी ही हमारा सबसे बड़ा एनावार्यनमेंटल हेज़र्ड है। उसी से माहौल का सबसे ज़्यादा नुक़सान पहुँचता है। यह सही है कि मेरी कोशिशें अभी आम आदमी तक नहीं पहुँची हैं लेकिन मेरे प्लान को ज़रा आगे बढ़ने दीजिए। लाभ ग़रीब से ग़रीब आदमी तक पहुँच कर रहेगा। इसीलिए मैं कहता हूँ कि हमें पीपुल्स प्रोग्रेस ज़ोन की ज़रूरत है। यू आर आइदर विद अस ऑर अगेंस्ट अस? आप हमारे साथ हैं या हमारे खिलाफ़ हैं।
(सभी ज़ोर-ज़ोर से तालियाँ बजाते हैं)

जगनलाल : ये तारीफ़ों का तूफ़ान आपके लिए हैं।

मदीहा : बहुत उम्दा तक़रीर थी। वंडरफुल!

देवराज : रियली?

मदीहा : यस!

जगनलाल : बहुत पुरअसर...बहुत प्रभावशाली भाषण...मूविंग। इस कमरे के सभी लोग, मेरे स्टॉफ के सब लोग, यहाँ उपस्थित सारे महानुभाव स्तब्ध रह गए आपकी तक़रीर सुनकर और अब हम जान गए हैं कि आगे चलकर हम आपसे और बहुत कुछ सुनना चाहेंगे। बेशक आपको प्रोडक्शन बढ़ा देना

चाहिए। लेकिन एक शर्त पर। सज्जनों, भाईयों और बहनों, पीपुल्स प्रोग्रेस ज़ोन की पहली भेंट।

(देवराज को पास बुलाता है)

आप हमें 700 नये घर बनाकर देंगे।

देवराज : 700 नए घर?

जगनलाल : बट ऑफ़कोर्स...बिल्कुल, मुझे कोई अधिकार नहीं है कि मैं अपने लोगों को घरों से बाहर निकाल दूँ और उन्हें बेघर बना दूँ। भाईयों और बहनों, बहुत-बहुत धन्यवाद...नमस्कार!

देवराज : लेकिन मुझे याद नहीं कि मैंने 700 घर बनवाने की बात की थी। हमनें 700 घर बनवाने का कोई वायदा नहीं किया है।

(जगनलाल चला जाता है। बाक़ी लोग भी जाते हैं)

दृश्य : आंठ

दूसरा दिन। देवराज का दफ़्तर। मदीहा दर्शकों की तरफ़ पीठ किए खड़ी है। देवराज अंदर आता है और उसे अपनी बाहों में कस लेता है। मदीहा अलग होकर दो क़दम पीछे हटती है और दूर से उसे बग़ौर देखती है।

देवराज : क्या मैं तुम्हारे चेहरे के तेवर पहचान रहा हूँ?

मदीहा : क्या मेरे चेहरे पर कोई तेवर है?

देवराज : है के नहीं?

मदीहा : क्या तुमने लोगों के तेवर पहचानने की कोशिश की थी?

देवराज : किन लोगों के?

मदीहा : कल रात की पार्टी में?

देवराज : लोग मुझे हक्का-बक्का देखकर ख़ुश नज़र आ रहे थे।

मदीहा : तुम हक्का-बक्का, क्यों?

देवराज : वे मुझे 700 घर बनवाने का हुक्म देकर चले गए।

मदीहा : वो तेवर नहीं।

देवराज : फिर कौन से तेवर?

मदीहा : वो तेवर जो कह रहे थे 'ज़रा इस रांड को देखना, कैसी चहक रही है।'

देवराज : यार मदीहा, छोड़ो भी इन बातों को।

मदीहा : तुम्हें मालूम है, लोग मेरे बारे में क्या सोचते हैं?

देवराज : प्लीज़!

मदीहा : मैंने तुम्हारी ख़ातिर अपने आप पर कलंक लगा लिया।

देवराज : हम इसके बारे में कब तक बातें करते रहेंगे?

मदीहा : मैं सुनना चाहती हूँ, तुम इस सिलसिले में क्या करने वाले हो।

देवराज : मैं इस वक़्त ऐसा कुछ नहीं करना चाहता, जिसकी वजह से तुम्हें बाद में पछताना पड़े।

मदीहा : वह क्या है ज़रा मैं भी सुनूँ।

(देवराज मदीहा को ज़ोर से भींच लेता है और ज़ोर से प्यार करता है)

देवराज : मैं तुम्हारे लिये कुछ लाया हूँ।

(प्यार करता है और तोहफ़ा देता है)

खोल कर देखो।

(इसके पहले कि मदीहा डिबिया खोले, उसे ख़ुद खोलकर दिखाता है)

मदीहा : देवराज यह क्या?

(उसके गले में हार पहना देता है)

देवराज : इस तोहफ़े के साथ मैं एक वायदा तुमसे करता हूँ।

मदीहा : कौन सा वायदा?

देवराज : मैं तुम्हारा हूँ और तुम्हारा ही रहूँगा, लेकिन शादी मेरे बस की बात नहीं।

मदीहा : फिर वायदा क्या ख़ाक कर रहे हो।

देवराज : शादी एक धर्म, एक फ़र्ज़, एक भार, ये मुझे हरगिज़-हरगिज़ गवारा नहीं। हाँ मगर हम लोग एक साथ रह सकते हैं। इसके लिये शादी-ब्याह की क्या ज़रूरत। मैं तुम्हारे साथ सारी ज़िंदगी बसर कर देना चाहता हूँ। मैं तुम्हारा रहूँगा हमेशा-हमेशा के लिये, ये मेरा वायदा है।

मदीहा : और अगर तुमने वायदा तोड़ दिया तो।

देवराज : *(हार को हाथ लगाकर)* आई कान्ट हैन्डिल स्कैन्डल्स।

मदीहा : स्टिल?

देवराज : ट्रस्ट मी।

मदीहा : तुम हमेशा मुझे यक़ीन दिलाके रहते हो।

(दोनों प्यार करते हैं। आनेवाली भीड़ की आवाज़ें हमें आगे के दृश्य की तरफ़ ले जाती हैं।)

दृश्य : नौ

(एक हफ़्ते के बाद। जगनलाल अपने हाली-मुहाली लेकर झोपड़पट्टी में पहुँचता है। पत्रकार, फ़ोटोग्राफर, सब उसके साथ हैं)

जगनलाल : नहीं, नहीं... अभी फ़ोटो मत लेना। इधर...यहाँ आओ।

(झोपड़ी वाले जमा होने लगते हैं। जगनलाल इज़्ज़त को देखता है)

देखना, बाई ज़रा यहाँ आओ। हाँ...हाँ... कृप्या इधर आइये। यहाँ खड़ी हो जाओ। हिलो मत।

(कुछ ख़ुद से, कुछ पत्रकारों से कहता है।)

बाई जब मैं तुम्हारी जैसी औरत देखता हूँ ना, तो मेरे अंदर की आवाज कहती है, जा... उसके पैरों पर गिर जा, उसके बच्चे को अपने गोद में ले और उसे अपनी शॉल दे।

(अपनी शॉल उसके कंधों पर डाल देता है)

इज़्ज़त : जुग-जुग जिओ मंत्री महाराज।

जगनलाल : ठीक। हाँ...मुस्कराओ।

(इज़्ज़त मुस्कराती है)

नई...नई वैसे नहीं, इस तरह।

(मुस्कुराकर दिखाता है। इज़्ज़त कैमर के लिये उसकी नक़ल करती है)

हाँ ऐसे, ठीक है।

(कैमरे चलते रहते हैं)

मैं अपनी फ़ोटो खिंचा-खिंचाकर तंग आ गया हूँ। अगर मैं इन फ़ोटोग्राफ़रों में से किसी को पकड़ लूँ तो शूट करके छोड़ूँगा...शूट टू किल।

इज़्ज़त : *(कैमरे से हटते हुए)*
हव, मुहू वैसनेच करहूँ मंत्री जी।

जगनलाल : मैं तोर से बहुत करीब महसूस करत हंव बाई। अतेक करीब कि मोर जी चाहथे कि तोर गिलास से पियंव, तोर प्लेट में खांव।

इज़्ज़त : मोर इज़्ज़त बाढ़ जाहि मंत्री साब। फिर हाँ मोर प्लेट में खाए बर ज्यादा नई है भई।

जगनलाल : तोर झुग्गी कहाँ है बाई?

इज़्ज़त : *(उछलकर इशारा करते हुए)*
ये पगडंडी देखत हस ना?

जगनलाल : ओखरे ऊपर मैं खड़े हंव।

इज़्ज़त : ये पगडंडी कचरा के घुरवा से घूम के निकलथे। मैला से और मरे जनावर से।

जगनलाल : बुरा बात, बहुते बुरा बात है।

इज़्ज़त : ओ दे तलाव तक जाथे।

जगनलाल : हाँ हाँ...

इज़्ज़त : *(बायाँ हाथ उठाकर)*
तलाब से एक पगडंडी ओ डहर कंपनी तक जाथे।
(दूसरा हाथ उठाकर)
अऊ दूसर जाथे बड़े तलैया कोती।

जगनलाल : अ हां... अ हां...

इज़्ज़त : जौन हा बड़े तलैया डहर जाथे, ओला देखत हस महाराज।

जगनलाल : *(बेसब्री से सर झुका लेता है)*
बाई ओला देखेबर मोला झील तक जाए ला पड़ही।

इज़्ज़त : बस वोहिच डहर मोर कुंदरा है।

जगनलाल : बस तो ओला गिराये के फैसला में हा कर डरे हंव।

इज़्ज़त : नई महाराज! तोर पांव पड़त हंव, गरीबिन हूं मंत्री साब!

जगनलाल : मैं ओखर बारे में कुछ दूसर सोच डरे हंव बाई।

इज़्ज़त : मैं हाथ जोड़त हंव मालिक। मोर आदमी के सेंती दारू में सब कुछ गंवा दीस अऊ येदे मैं एके झन रहि गेंव। घर बनाय बर सोचेंव, रेलवाही के पाछू डहर। चौकीदार कथे, हट हरामजादी।

जगनलाल : तुमर मन के घर...

इज़्ज़त : फिर बाड़ी के भीतर घर बनाए बर गेंव। वहाँ वोहिच बात। फिर मंदिर डहर गेंव। पंडित जी कथे चल भाग भगवान के घर ले। तहाले मैं पुलिया के नीचे गेंव। वहाँ ले रद्दा किनारे फिर नाली करा। जहाँ देखबे, 'हट भाग, हट भाग'।

जगनलाल : बाई, अब तोर नवा घर...

इज़्ज़त : हताश होगेंव तो फिर यहाँ अपन झुग्गी ला बनाए हंव। साहेब मन के कंपनी के छांव में।

जगनलाल : हाँ... हाँ... समझ गेंव। मोर बात ला तो सुन...

इज़्ज़त : साब देखे, उहिंचे हे, उहिंचे।

जगनलाल : मगर वहाँ झुग्गी बनाये से तोर कानूनी कब्जा तो नई होईस ना।

इज़्ज़त : ये सब झन तोर सामने में खड़े है, ओमन ला गवाही बनाके मैं हा कहत हंव, मैं हा कायदा कानून ला नई जानंव। ये सब झन के सामने मैं कहत हंव महाराज, मैं अपन झुग्गी ला नई छोड़ंव। चाहे तैं मोला मार डार।

(पीठ की झोली दिखाते हुए)

ये देख मोर लइका, बीमार हे महाराज।

जगनलाल : ये जो तोर झोपड़ा है न बाई। मोला माफ करबे...ओकर जगह तोला एक सुंदर अकन घर दिए जाहि।

इज़्ज़त : नई मालिक, मोर का दसा होहि तिही सोच ना।

जगनलाल : बाई, तैं ओ घर में रहिबे।

इज़्ज़त : का!

जगनलाल : तोर कान बिल्कुल ठीक सुनत हे बाई। तैं हा वो घर के मालकिन होवे।

इज़्ज़त : में हा? घर मोर होहि? फेर...

जगनलाल : फिर का बाई?

इज़्ज़त : तोर बात मुझे वचन जैसे लागत है।

जगनलाल : का मैं पिछले साल ये बस्ती में नल लगवाए के वचन नई दे रेहेंव का?

इज़्ज़त : हव! वोहि नल के अंदर ये साल पानी घलो आ जातिस तो बहुते अच्छा होतिस।

जगनलाल : का जिंदगी है, का जिंदगी है इहां। उम्मीद की किरण हस तें हा बाई।

(पत्रकारों और लोगों के मजमे से)

ये बाई बिल्कुल ठीक कह रही है। मैं एलान करता हूँ और आप लोग प्रेस के पत्रकार और मीडिया वाले ग़ौर से सुन लें, नोट मी एंड कोट मी, मंत्री की जिस पदवी पर आप लोगों ने मुझे स्थापित किया है उसके अधिकार से और अपने नये मंत्रालय यानि हमारी न्यू सुपर मिनिस्ट्री फ़ॉर ट्रेड लिब्रलाइजेशन के प्रमुख होने के नाते मैं घोषणा करता हूँ कि भोपाल लेक, उसके साथ वाला पुल और रेलवे स्टेशन, ये सारा इलाक़ा जो कार्बाइड इंटरनेशनल के इर्द-गिर्द फैला हुआ है आज से ये इलाक़ा पीपुल्स प्रोग्रेस जोन कहलाएगा। एक नया स्वतंत्र इलाक़ा। जो अपना शासन ख़ुद संभालेगा और जिसका नाम होगा, पी.पी.जी.।

इज़्ज़त : पी.पी.जी.?

जगनलाल : पी.पी.जी. एक मॉडल गाँव होगा। देश के अंदर एक देश। जिसके नियम-क़ानून अलग अपने नियम-क़ानून होंगे। जो यहाँ के रहने वालों को सहायता देंगे। उन्हें राहत पहुँचाएँगे और आप लोग बरसों के पिछड़ेपन को दूर फेंक देंगे। बस आज के दिन से पी.पी.जी. के सब रहने वाले इस इलाक़े

पर अपना अधिकार स्थापित करेंगे जहाँ उनके ग़ैरक़ानूनी झोपड़े खड़े हैं, बाई...

इज़्ज़त : भगवान तोला लंबा उमर दे मंत्री महाराज। सचमुच के घर मोला मिल जाहि। भगवान तोला हमर सर ऊपर सलामत रखे महाराज। एकर मतलब हे राशन कार्ड, एकर मतलब हे वोट के अधिकार।

जगनलाल : ये तुम्हारे वोट के लिये नहीं है बाई। ये असलियत है।

इज़्ज़त : सच?

ज नलाल : बिलकुल सच।

(एक कार्ड पर दस्तख़त करके देते हुए)

अऊ हाँ... तें हा पी.पी.जी के पहला नागरिक हस और ये देख तोर घर ऐसन नमूने के होही।

(झुग्गी-झोपड़ी वालों को मॉडल घरों की तस्वीरें बांटता है। पुकारते हुए)

यह तुम्हारे लिये है... माँ जी यह तुम्हारा है।

(इज़्ज़त दूसरे झुग्गीवालों को बुलाती है। सब ख़ुशी-ख़ुशी मिलने वाले घरों की और अपनी-अपनी तस्वीरें मिलाकर देखते हैं)

इज़्ज़त : मैं यहाँ हंव, येदे कागज ऊपर। इमरती, बाबू, आ तो, आ भला। देख ये हर हे मोर घर। ये दे खिड़की, ये दे घर भीतर संडास। अब बिहिनिया ले संझा बेरा तक पेट रोके के जरूरत नई है। बस अब खेत डहर, झाड़ी के पाछू जायके जरूरत नई है। अऊ ये देख ना पानी के नल।

सब : सब घर एकई जैसे हैं ओ। हव ये देख ना, और ये देख, हैं ना। हव, सब एक जैसे हैं।

(सब जाने लगते हैं)

कोरस

दृश्य : दस

एक हफ़्ते बाद। स्वॉवे की जगनलाल से मुलाकात। वह अभी-अभी कैनेडियन हाई-कमीशन से वापस आई है। वह जगनलाल को कुछ काग़ज़ात निकाल कर दिखाती है।

स्वॉवे : मि. मिनिस्टर, आई विल बी फ्रैंक विद यू।

जगनलाल : आई होप सो।

स्वॉवे : हमारी तरफ़ लोग प्रोटेस्ट कर रहे हैं।

जगनलाल : क्या कह रहे हैं?

स्वॉवे : या तो आप डॉ. लेबॉन्ते को छोड़ दें या फिर हम व्यापार की बात स्थगित कर दें।

जगनलाल : एक औरत, क्या दो मुल्कों के मुक़ाबले में ज़्यादा महत्व रखती है?

स्वॉवे : क्या आपने कभी यह सोचा था कि नौबत यहाँ तक पहुँच जाएगी। लेकिन देखिए यही हुआ। मुझे आपकी मदद की ज़रूरत है।

(काग़ज़ात बढ़ाती है। जगनलाल उसे नज़रअंदाज़ करता है)

जगनलाल : मैं उन्हें जाने नहीं दूँगा।

स्वॉवे : शायद इस तरह हालात सुधर जाएँ।

जगनलाल : *(काग़ज़ वापस करते हुए)*

मैं उन्हें रिहा नहीं कर सकता।

स्वॉवे : यह देखते हुए भी कि ट्रेड सम्मिट का दूसरा राउंड मांट्रियल में होगा जहाँ हमारे प्राइम मिनिस्टर आपके होस्ट होंगे।

जगनलाल : मैं जानता हूँ।

स्वॉवे : प्राब्लम यह है सर कि लेबॉन्ते अपनी टॉक देने वाली थीं।

जगनलाल : ट्रेड सम्मिट के दूसरे राउंड के अवसर पर।

स्वॉवे : पैरेलेल सम्मिट में। साथ-साथ, वहीं पड़ोस में।

जगनलाल : *(विजयी मुस्कराहट के साथ)*
अब ये मुमकिन नहीं।

स्वॉवे : होगा यह कि प्रोटेस्ट करने वाले हमारी सम्मिट में घुस पड़ेंगे। शोर-शराबा करेंगे। टियर गैस फेंकी जाएगी और वह भी उस वक़्त जबकि दुनिया की आँखें हमारे प्राइम मिनिस्टर पर जमीं होंगी।

जगनलाल : आप चाहते हैं कि डॉक्टर के खिलाफ़ मैं अपने चार्जेज़ वापस ले लूँ ताकि आपके प्राइम मिनिस्टर का एक हेडेक दूर हो।

स्वॉवे : क्वाइट फ्रैंकली सर, ये व्यापार का हेडेक है।

जगनलाल : मुझे स्वीकार नहीं।
(स्वॉवे उसे घूर कर देखती है।)

स्वॉवे : मैं यहाँ इसलिए आई हूँ कि हमारे दो मुल्कों के बीच की ट्रेड टॉक्स में कोई रुकावट न हो इन लोगों को एक जगह जमा करना बरसों की कोशिशों का नतीजा है। ग्यारह मिनिस्टर और 250 टॉप ट्रांसनेशनल बिज़नेसज़... चोटी के अंतर्राष्ट्रीय व्यापारी...जब वे घर वापस जाएँगे तो वहाँ का मीडिया उन्हें ज़रूर लेबॉन्ते के बारे में दुनिया भर के सवालात से परेशान करेगा। लेबॉन्ते एक एनवायर्नमेंटलिस्ट भी है, पर्यावरणविद् और आख़िर वो कैनेडियन है। यह घटना एक सनसनीख़ेज़ ख़बर बन सकती है। ख़ैर यह डॉक्टर के लिये तो ठीक है लेकिन मंत्रियों और व्यापारियों ने जो इंडिया में कांट्रेक्ट साइन किए हैं उनके लिये उन्हें रेडीफ़ाई करना मुश्किल हो जाएगा। चुनांचे ये बहुत ज़रूरी है कि टीम कैनेडा को तमाम रुकावटों से बरी किया जाए

और उसे कामयाब होने का हर मुमकिन मौक़ा दिया जाए। इसलिए अगर आप इस कॉनकॉक्शन पर दस्तख़त कर दें...

जगनलाल : कॉनकॉक्शन?

स्वॉवे : देखिये सर, कभी ना कभी तो वो छूट कर रहेंगी। आपने मुझसे फ्रैंक रहने के लिए कहा। मैं फ्रैंकली आपसे कह रही हूँ कि दुनिया के सामने ये बात खुल जाएगी कि वो किसी का अपहरण नहीं कर रही थीं। वो चाहती थीं कि एक माँ और उसकी बीमार बच्ची, कैनेडा की एक मेडिकल कॉन्फ्रेंस में पेश की जाए। माफ़ कीजिएगा, लोग उसे न सिर्फ़ एक विक्टिम मानेंगे बल्कि यह भी कहेंगे कि आप कार्बाइड के आगे झुक गए।

जगनलाल : झुक गए?

स्वॉवे : हमारी दुनिया में ऐसी छोटी-मोटी वारदात का कोई असर नहीं होता। उसने क्या कहा, इसका कोई महत्व नहीं। फ्रैंकली, हू केयर्स। लेकिन इतना याद रखिये कि मैं अपनी ट्रेड टॉक्स की सफलता की बात कर रही हूँ। दोनों जगह, यहाँ इंडिया में और कैनेडा में...चुनांचे अगर आप इन काग़ज़ात पर दस्तख़त नहीं करते तो कार्बाइड इंटरनेशनल तो आपको सराहेगी लेकिन...और यह कहते मुझे कोई संकोच नहीं होता...इंडिया में कैनेडियन ट्रेड और कैनेडियन एड पनप नहीं सकेगी।

जगनलाल : क्या आप मुझे ब्लैकमेल कर रही हैं?

स्वॉवे : मैं सिर्फ़ यह कह रहीं हूँ सर कि हमारे परेशान प्राइम मिनिस्टर और लालची अंतर्राष्ट्रीय बाज़ारवाले ख़ुशी-ख़ुशी अपना पैसा, अपना इन्वेस्टमेंट दुनिया के उन 75 मुल्कों में से किसी एक के पास लेकर पहुँच जाएगे जिनकी जी.डी.पी. उन लोगों के कार्पोरेशन के मुनाफ़े से कम है। दि च्वायस इज़ योर्स।

(स्वॉवे फ़ाइल बंद करती है। जगनलाल टहलता है और वापस आकर कहता है)

जगनलाल : इस बयान में और क्या दर्ज है?

स्वॉवे : *(फ़ाइल फिर से खोलते हुए)*

डॉ. लेबॉन्ते की इंडिया में एंट्री पर अजीवन बैन लगा देने के एवज़ उन्हें कैनेडा वापस जाने की इजाज़त दे दी जाए।

जगनलाल : उन्हें बुलाइये।

(सोनिया आती है)

क्या इंडिया में आपकी यह पहली एंट्री है।

सोनिया : जेल में पहली एंट्री है।

जगनलाल : मेरे मुल्क के बच्चे आपकी सामग्री नहीं हैं।

सोनिया : और न उन बच्चों को कार्बाइड का शिकार बना देने का आपको हक़ है।

जगनलाल : आप अभी कल यहाँ पहुँची और आपने अभी केवल कुछ कुपोषित बच्चों को ही देखा है।

सोनिया : वो बच्चे ऐसी बीमारियों का शिकार हैं...अननोन टू ह्युमन काइंड।

जगनलाल : बस इतना है कि आपने करोड़ों स्वस्थ बच्चों को न देखने की आदत बना ली है।

सोनिया : वो इसलिए कि उन बच्चों से बीमार बच्चों का स्वास्थ्य ठीक नहीं हो जाता।

स्वॉवे : वेल मि. मिनिस्टर...मैडम डॉक्टर...मैंने आप लोगों को यहाँ इकट्ठा कर दिया है।

जगनलाल : *(यकायक)*

मैं जानता हूँ। लेकिन मैं महोदया से एक बात कहना चाहता हूँ।

(सोनिया से)

सिट डाउन!

(सोनिया कुर्सी पर बैठ जाती है।)

हो सकता है आपका रिसर्च महान हो, हो सकता है हमारा हाउसिंग प्रोजेक्ट एक बेकार योजना हो, हो सकता है पीपुल्स प्रोग्रेस ज़ोन एक कार्पोरेट ढकोसला हो, हो सकता है भोपाल के बच्चे आपके देखे हुए तमाम इंसानों से भिन्न हों लेकिन एक बार हम ख़ुद ज़रा इस बात पर ग़ौर कर लें कि स्थिति कितनी ख़राब है। गोरे लोग हमें यह बताएँ कि हमारे मुल्क के लिये कौन सी चीज़ सबसे अच्छी है, यह बात मैं हरगिज़ गवारा नहीं कर सकता।

(सोनिया दंग रह जाती है। जगनलाल भी एक मिनिट अपनी बदतमीज़ी देखकर रुक सा जाता है। रूख़ बदलता है और फिर पलटकर कहता है)

खैर, हमारी इस मुलाक़ात का इस बात से कोई संबंध नहीं है।

स्वॉवे : मुलाक़ात का इस बात से संबंध होना भी नहीं चाहिए।

जगनलाल : मैडम स्वॉवे ने इस बात पर मुझे रज़ामंद कर लिया है कि मैं, आपके ख़िलाफ़ जो आरोप हैं उन्हें वापस ले लूँ। यह बात आपकी जानकारी में थी?

(मौन)

आप भाग्यशाली महिला हैं, आपके सामने एक च्वायस है।

स्वॉवे : हमने एक समझौता कर लिया है। वी मेड ए डील।

सोनिया : व्हॉट्स दैट?

स्वॉवे : माफ़ी माँग लीजिए।

सोनिया : माफ़ी माँगू?

स्वॉवे : जी हाँ, माफ़ी माँग लीजिये।

सोनिया : यही समझौता है?

स्वॉवे : इंडिया में एंट्री पर अजीवन बैन मंजूर कर लीजिये।

सोनिया : आप पागल हैं?

(जगनलाल स्वॉवे को सवालिया नज़र से देखता है। स्वॉवे सोनिया को एक तरफ़ ले जाती है)

स्वॉवे : अक़्ल से काम लीजिये डॉक्टर।

सोनिया : किस अक़्ल वाले को यक़ीन आएगा कि एक माँ और उसकी बीमार बच्ची को कैनेडा ले जाना अपहरण है?

स्वॉवे : मेरे ख़्याल में आप इस दुनिया की बात नहीं कर रही हैं।

सोनिया : कोई सुबूत?

(स्वॉवे उसे वो काग़ज़ दिखाती है जिसपर इज़्ज़त का अंगूठा लगा हुआ है।)

स्वॉवे : इस पर किसका अंगूठा है?

(सोनिया हैरत में डूब जाती है। स्वॉवे से काग़ज़ छीन लेती है)

सोनिया : ये आपके पास कहाँ से आया?

स्वॉवे : *(सुनी-अनसुनी करके)*

यह बयान इंग्लिश में लिखा है लेबॉन्ते। वह औरत जानती भी नहीं थी कि वह किस बयान पर अंगूठा लगा रही है।

सोनिया : लेकिन उसका अंगूठा इस बात की दलील है कि वह जाने के लिये राज़ी है।

स्वॉवे : यह बात आपको कैसी लगेगी? अपहरण का इल्ज़ाम आप पर उसी औरत ने लगाया है।

सोनिया : इज़्ज़त ने?

स्वॉवे : अगर आप बात समझने से इंकार करती हैं तो आपकी मर्ज़ी। इट्स योर लाइफ़। लेकिन मैं यह नहीं समझती कि एक माँ और उसकी बीमार बच्ची को कैनेडा ले जाकर एक शो पीस की तरह पेश करना इंडिया के जेल में अकेले 15 साल गुज़ार देने के मुक़ाबले बेहतर है।

(सोनिया स्तब्ध रह जाती है। स्वॉवे जगनलाल को देखती है। जगनलाल आगे बढ़ता है)

जगनलाल : डॉक्टर, मैं आपको जेल में रखना चाहता था और आपके मुल्क जा रहा था ताकि दुनिया के लीडरों से कहूँ, वर्ल्ड बैंक, आई.एम.एफ., डब्ल्यू.टी.ओ. इन सब को बताऊँ कि

मैं अपने मुल्क के लिये क्या करना चाहता हूँ...और वहाँ से एक चेक लेकर वापस आऊँ और यहाँ के ग़रीब लोगों के लिये घर बनवाऊँ।

(स्वॉवे को देखकर)

अगर आप जेल में रहेंगी तो अफ़वाह यह है कि लोग कीचड़ उछालेंगे। लेकिन डॉक्टर जहाँ तक मेरे देश की जनता का संबंध है, मैं कोई ख़तरा मोल नहीं लेना चाहता। मैं इस झमेले से, इस कीचड़ से अपना मिशन ख़राब होते नहीं देखना चाहता। चुनांचे मैं आप पर एक अहसान करूँगा, मैं आपकी ख़ातिर अपने मुल्क के क़ायदे-कानून भूल जाना चाहता हूँ।

(सख़्ती से)

साइन हियर डाक्टर!

(उसे क़लम देता है।)

और यह याद रखिए कि मेरे मुल्क के बच्चे आपकी प्रदर्शनी की सामग्री नहीं हैं।

(स्वॉवे सोनिया की तरफ कागज़ बढ़ा देती है। सोनिया मजबूर है कि इस डिप्लोमैटिक डील पर अपने दस्तख़त की सनद् लगाए)

स्वॉवे : मार्शे कॉक्लू। आपको कार्बाइड इंटरनेशनल और पी.पी. जी. से दूर रहना है।

(टिकट देते हुए)

3 दिसंबर 1984 को भोपाल इंटरनेशनल एयरपोर्ट से आपका प्लेन है, दोपहर एक बजकर दस मिनिट पर। आपको कैनेडा वापस जाने की इजाज़त है।

दृश्य : ग्यारह

सोनिया इज़्ज़त की झोपड़ी में आती है।

सोनिया : इज़्ज़त क्यों! आख़िर किसलिये!

इज़्ज़त : मोला माफ कर दे डाक्टरनी साब।

सोनिया : डेम यू, डेम यू, डेम यू, व्हाई डिड यू टेल देम? क्यूं, क्यूं बताया उन लोगों को...क्यूं ऐसा किया तुमने?

इज़्ज़त : झन चिल्ला, गुस्सा मत कर, एक कनि चुप हो जा।

सोनिया : किडनैपिंग का चार्ज तुमने भी लगाया, क्यूँ?

इज़्ज़त : ओके. ओके. भइगे बस ज्यादा मत चीख।

सोनिया : ज़रीना को बेहतरींन इलाज का मौक़ा मिलता। किडनैपिंग, जानती हो उन्होंने क्या किया?

इज़्ज़त : माफी दे डाक्टरनी साब।

सोनिया : मेरा रिसर्च, मेरे सैंपल्स, खून-पेशाब की जांच, सब कुछ बर्बाद हो गया। मेरा क्लीनिक बुल्डोज़ कर दिया जाएगा और 24 घंटे के अंदर मुझे प्लेन कैच करना है।

इज़्ज़त : तैं चल देबे?

सोनिया : वेल, थैंक यू। अब तुम्हारा और ज़रीना का ख़्याल रखने वाला कोई न होगा।

इज़्ज़त : तैं झन जा।

सोनिया : *(मौन)*

आई वांट टू सी ज़रीना।

इज़्ज़त : *(मौन)*
का देखबे डाक्टरनी साब।

सोनिया : डोन्ट वरी, मैं उसे तुमसे छीन नहीं लूँगी।

इज़्ज़त : तैं ओला झन देख। मोर मर्जी नई है।

सोनिया : मैं अपने क्लीनिक के पहले दिन से उसकी देखभाल करती रही हूँ। अब क्या मैं उसे बस एक आख़िरी बार नहीं देख सकती?

इज़्ज़त : डाक्टरनी साब, नो।

सोनिया : क्यों?

इज़्ज़त : वो सूते है।

सोनिया : दैट्स ओके।

इज़्ज़त : मोर आदमी वापस आ गेहे हे।

सोनिया : तुम्हारा आदमी मर गया है, याद है ना।

इज़्ज़त : डाक्टरनी साब, तै हा जा भई।

सोनिया : कहाँ है वह?

इज़्ज़त : वो मोर लइका रिहिस, सुने, वो मोर नोनी रिहिस। तोला नई देखन दंव। शी वाज़ माई बेबी।

सोनिया : क्या? क्या कहा तुमने, कहाँ है ज़रीना?

इज़्ज़त : तैं मोला ऐसे काबर देखत हस। अयं, काबर? मोला बता ना भई, तैं मोर डहर ऐसन ढंग से का पायके देखत हस। बोल, बता ना।

सोनिया : कहाँ है वो?

इज़्ज़त : मोर पीछा छोड़ भई।

सोनिया : उन्होंने तुम्हें ख़रीद लिया, है ना। मनी... पैसा।

इज़्ज़त : तोर बारे में बताए के सेती भेंट, सुन डारे।

सोनिया : तुमने अपनी बच्ची को बेच दिया?

इज़्ज़त : नो।

सोनिया : हसीना की तरह, है ना?

इज़्ज़त : नई।

सोनिया : कस्तूरी की तरह।

इज़्ज़त : नई, नई, नई।

सोनिया : तुमने बच्चे को बेच दिया?

इज़्ज़त : *(रो पड़ती है)*

मोर कसूर है, मोरेच कसूर है। राक्षस मोर दिल के भीतर घुसगे रिहिस, राक्षस हा वो पैसा ला झोंकिस, जरीना के सेती। मोर भीतर के राक्षस सब करम करिस। राक्षस मोर पेट भीतर जनमिस। ये दे अतेक अकन पैसा मोला मिलिस, ऐला फेंक दे नाली में, मोला नई चाहि ये पैसा। *(पैसा सोनिया की तरफ फेंक देती है)*

सोनिया : राक्षस कंपनी के ज़हर में जन्मा था बेवक़ूफ़।

इज़्ज़त : फूल, मैं?

सोनिया : यस, यू फ़ूल। कंपनी ने ज़रीना को मारा और तुम्हें उसकी लाश के बदले थोड़े से पैसे दे दिए और तुम यह समझ बैठीं, कंपनी ने तुम्हारे ऊपर बड़ा अहसान किया।

इज़्ज़त : तैं नई जानस, कैसन हमन अपन जिंदगी चलाथन डाक्टरनी साब।

(सोनिया वही पैसा इज़्ज़त को वापस फेंक देती है)

सोनिया : मैं तुम्हें जो दिलवाने वाली थी, उसके मुक़ाबले में यह कुछ नहीं है, लालची। बस तुम ज़रा मौक़ा देतीं। मैं दुनिया को दिखा देती, कंपनी ने तुम जैसे लोगों के साथ क्या खिलवाड़ मचा रखा है। यू फ़ूल!

इज़्ज़त : फूल? फेर वही, कतेक बड़गे हस तें हा। विदेश जाके मैं अपन लइका ला एक-एक झन ला दिखातेंव। देख मोर लइका के गति ला कहिके। दुनिया का कतिस, कैसे माँ है, अपन लइका ला एक-एक झन ला दिखावत है, ओखर हाथ, ओखर मुड़ी, ओखर शरीर के खाल, लाज नई आइस,

येला मां कहिबो। कोन मोर लइका ला देखे बर आतिस। तैं मोला बयकूफ नई बना सकस। क्लीनिक, हुं... अस्पताल ...हुं...जांच कुछु नई...बस अतेक बड़ जीभ, बकबक, झकझक। तोर ये हिम्मत, मैं अपन लइका ला बेच देंव, मोर लइका ला सुख मिलगे। मोला सुख मिलगो। तैं कोन होथस बीच में आने वाला। प्लीज डाक्टरनी साब, प्लीज, मोर ऊपर मेहरबानी कर, मोर हालत ऊपर मेहरबानी कर, मोर लइका ऊपर तरस खा।

(सोनिया अब तक सख्त परेशान है फिर भी इज़्ज़त के पास जाकर प्यार से उसके कंधे पर हाथ रख देती है और उसे बाहर ले जाती है।)

दृश्य : बारह

देवराज का दफ़्तर। देवराज का प्रवेश। सोनिया दनदनाती दफ़्तर में घुस आती है। मदीहा उसे रोक नहीं पाती है।

सोनिया : वेयर इज़ ही? वेयर द हेल इज़ ही?

देवराज : आपको यहाँ इस तरह घुस आने का अधिकार नहीं है डॉक्टर।

सोनिया : गॉड डेम इट। स्टाप, व्हाट यू आर डूइंग।

देवराज : स्टाप व्हॉट?

सोनिया : फ़ैक्टरी के आसपास के सब जीव-जंतुओं को मारना।

देवराज : गार्डऽऽ!

सोनिया : योर पीपुल्स प्रोग्रेस ज़ोन!

देवराज : जाओ अपना प्लेन पकड़ो, गोरी औरत।

सोनिया : स्टाप योर कवरअप कोकोनट!!

देवराज : क्या मतलब?

सोनिया : बाहर से ब्राउन, अंदर सफ़ेद गूदा। बाहर से काला, अंदर से गोरा।

मदीहा : ये औरत रूकती ही नहीं।

(सोनिया मदीहा की तरफ मुड़ती है)

सोनिया : तुम्हें मालूम है इनकी कंपनी क्या कर रही है? **(देवराज से)**

मालूम है इन्हें?

मदीहा : व्हॉट?

सोनिया : आपकी कंपनी के डॉक्टर मेरे मरीज़ों को पेमेंन्ट्स दे रहे हैं। उनके बच्चों को...

देवराज : गेट आउट!

सोनिया : 27 डेड बेबीज़!!

देवराज : 27 डेड बेबीज़!!

मदीहा : यह क्या बकवास कर रही है?

देवराज : तुम लोग क्या कर रहे थे?

सोनिया : तुमने इज़्ज़त का मुर्दा बच्चा ख़रीदा।

मदीहा : नो, देवराज ये औरत झूठ बोल रही है।

सोनिया : इज़्ज़त को उसके मुर्दा बच्चे के लिये पैसा देना क्या तुम्हारे एनिमल चेरिटी फंड का यही काम है?

मदीहा : वह ज़िंदा थी, वह लड़की ज़िंदा थी।

सोनिया : कंपनी, माँओं और उनकी कोख के बच्चों को ज़हर दे-देकर मारती रहे और सारे सबूत मिटा दिए जाएँ, यही तुम्हारे फ़ंड का...

मदीहा : माएँ हमसे पैसे ज़टने के लिये झूठे पेट लिये फिरती थीं। मदर्स फेक प्रिगनेंसी टू गेट आवर मनी।

सोनिया : माएँ ज़हर से मरे अपने बच्चे उसे दिखाती रही। उस पेंटागॉन डॉक्टर को, डॉ. हॉन्स वाएल को।

मदीहा : वो मरे हुये जानवर थे।

देवराज : आप यहाँ से चली जाएँ, इसी वक़्त।

सोनिया : ठीक है, मैं जाती हूँ, लेकिन तुम बच नहीं सकते। रिसर्च की एक कॉपी कैनेडा पहुँच गई है।

मदीहा : यह औरत पागल बना देगी।

सोनिया : और साथ ही उन माँओं की लिस्ट, जिन्होंने अपने मुर्दा बच्चों की लाशें कंपनी को बेचीं और वो सब जिन्हें पेट

गिराने पर मजबूर किया गया।

देवराज : गेट आउट!

सोनिया : आई हैव एवीडेंस, सुबूत!!

देवराज : तुम्हारे सुबूत की ऐसी तैसी।

मदीहा : सुबूत, सबूत यहाँ मौजूद है, मेरे पेट के अंदर।

देवराज : व्हॉट?

सोनिया : मिस अकरम!!

मदीहा : जी।

(सोनिया से)

इन झोपड़पट्टीवाली औरतों की बनिस्बत कहीं ज्यादा ज़हर मेरे फेफड़ों में जाता रहता है। अगर जो कुछ तुम कह रही हो वो सच है तो मेरा बच्चा दस गुना डिफ़ार्मड और बिगड़ा हुआ निकलेगा।

देवराज : क्या यह...?

सोनिया : यू आर डेम राइट मैडम। कंपनी का ज़हर सबको एक बराबर बरतता है।

मदीहा : चुनांचे मेरा केस तुम्हारे लिये अच्छा टेस्ट-केस होगा।

सोनिया : क्या केस?

मदीहा : अपनी स्टडी में मुझे भी शामिल कर लो।

(सोनिया स्तब्ध रह जाती है। मदीहा कुछ देर ख़ामोश रहती है फिर सोनिया के पास जाती है।)

क्यों?

सोनिया : मेरी स्टडी बंद हो चुकी है।

मदीहा : मैं फिर भी अपनी कोख आपको पेश करती हूँ।

देवराज : तुम्हें हो क्या गया है मदीहा?

मदीहा : *(देवराज से)*

मैं तुम्हारी मदद कर रही हूँ। मुझे तुम पर पूरा एतबार है। मैं इस औरत का मुँह बंद करना चाहती हूँ।

(देवराज लाजवाब हो जाता है सोनिया हंस देती है। मदीहा सोनिया से मुख़ातिब होती है)

मदीहा : आपकी मुद्रा, आपके रंग-ढंग मैं देख रही हूँ। माथे पर बिंदी, कानों में बुंदे, कांधे पर खद्दर का झोला, हिंदुस्तानी न होते हुए भी हिंदुस्तानी बनने का ढकोसला। मेरे पास यह सुबूत है, मेरे पास वह सुबूत है। ठीक है अब मेरे पास यह मेरा अपना सुबूत है। जब मेरा बच्चा पैदा होगा...

देवराज : मुझे यक़ीन नहीं हो रहा कि मुझे ये सब भी देखना पड़ेगा।

सोनिया : मुझे 24 घंटे के अंदर प्लेन पर पहुँचा दिया जाएगा चुनांचे मैं आपका बच्चा नहीं देख पाऊँगी।

(देवराज से)

लेकिन आप, लेकिन आप इस सच्चाई से कैसे निपटेंगे।

(देवराज मदीहा से अलग हट जाता है। मदीहा की नज़रें उस पर जमी हुई हैं)

इट्स योर बेबी।

(सोनिया का प्रस्थान। देवराज उसके पीछे जाता है। फिर मदीहा के पास वापस आकर कहता है)

देवराज : व्हॉट द हेल इज़ रांग विद यू? तुम्हें कमबख़्त कौन सी बीमारी लग गई है?

मदीहा : मैं पिछले दो महीनों से सोचती रही थी कि तुम्हें ये ख़बर कैसे दूँ।

देवराज : तुम्हें हुआ क्या है?

मदीहा : दो महीने हो गए मेरी माहवारी बंद है।

देवराज : इसका क्या मतलब हुआ।

मदीहा : हाँ, मैं गर्भ से हूँ।

(मौन)

तुम कुछ कहोगे नहीं?

देवराज : यह कैसे हुआ?

मदीहा : क्या तुम्हें बस इतना ही कहना है?

देवराज : बस उस एक रात का यह नतीजा।

मदीहा : क्या अब हमारे लिये बस सिर्फ़ एक रात की बातें करना बाक़ी रह गया है?

देवराज : क्या हमने, हम दोनों ने...

मदीहा : देवराज, मैंने अपने प्यार की तरफ़ इशारा किया है। जिसका ये ख़ुशगवार नतीजा है।

देवराज : मेरा ख़्याल था...

मदीहा : मैं तुम्हारे बच्चे की...

देवराज : हमने कुछ और प्लान बनाया था...

मदीहा : मैं माँ बनने वाली हूँ...

देवराज : अब तुम मुझसे क्या सुनना चाहती हो?

मदीहा : कोई अच्छी बात कहो।

देवराज : आर यू श्योर?

मदीहा : *(तंग आकर)* उफ़्फ़ो...

देवराज : प्लीज़, तुम्हें यक़ीन कैसे आ गया?

मदीहा : मेरी भूख कम हो गई है, मुझे मतली आती रहती है, ऑफ़कोर्स आई नो फ़ार श्योर। मैं जानती हूँ, मैं क्या कह रही हूँ। आख़िर मेरे शरीर के अंदर की बात है।

देवराज : *(मौन)* कितने दिन हो गए?

मदीहा : मुझसे इस तरह की बात करना बंद करो।

देवराज : मदीहा यह भी तो हो सकता है...

मदीहा : व्हॉट?

देवराज : बच्चा गिराया जा सकता है।

(मदीहा उसे एक तमाचा जड़ देती है)

मदीहा : हरगिज़ नहीं। मैं यह हरगिज़ नहीं करूँगी, हरगिज़ हरगिज़ नहीं। फ़ॉर गॉड सेक, आख़िर यह तुम्हारा अपना बच्चा है देवराज।

(एक हल्की सी आवाज़। भाप निकलने की आवाज़ के साथ जिसे देवराज सुनता है मगर नज़रअंदाज़ कर देता है)

देवराज : आई एम सॉरी, मुझे समझ में नहीं आ रहा है कि ऐसी ख़बर सुनकर क्या कहूँ?

मदीहा : मुझे अपनी बाहों में भर लो। किस मी!

(देवराज वैसा ही करता है)

देवराज : मैं नहीं चाहता कि अभी इस वक़्त कुछ ऐसा करूँ जो मैं आगे चलकर संभाल न सकूँ।

मदीहा : तुम अपना बच्चा सँभाल न सकोगे?

देवराज : और अगर बच्चा...

मदीहा : क्या होगा उसे?

देवराज : मेरा मतलब है...

मदीहा : हाँ, अगर बच्चा स्वस्थ न हो, जैसे इन झोपड़पट्टी की माँओं के बच्चे हैं, ये कैसे...

देवराज : मेरा मतलब है, मैं बाप बनने के लिए अभी तैयार नहीं हूँ।

मदीहा : तुम मुझसे कुछ छिपाते रहे हो क्या?

देवराज : तुम मेरी बात शायद समझ नहीं रही हो।

मदीहा : इतने दिनों से? क्या तुम?

देवराज : बोलो, बोलो।

मदीहा : मुझसे कुछ छिपा रहे हो?

देवराज : मसलन क्या?

मदीहा : बच्चा स्वस्थ क्यूँ नहीं हो सकता?

देवराज : मैंने तो यह नहीं कहा।

मदीहा : उस औरत का रिसर्च किस चीज़ के बाबत् है?

देवराज : मदीहा तुम जानती हो मै क्यूँ...

मदीहा : और यह तुम्हारा एनीमल चेरिटी फ़ंड?

देवराज : मैं अमरीका से भोपाल क्यूँ वापस आया...

मदीहा : मैं जानना चाहती हूँ कि तुम उन औरतों को पैसा क्यूँ देते रहे हो?

देवराज : तुम्हारा ख़्याल है मैं अमरीका की आराम की ज़िंदगी छोड़कर यहाँ बच्चों को मारने के लिए वापस आऊँगा?

मदीहा : फिर सोनिया को क्यूँ निकाला जा रहा है?

देवराज : वह जहाँ से आई है वहाँ वापस भेजी जा रही है। वह हिंदुस्तान महज़ एडवेंचर के लिये आई थी। ज़हनी तौर से तैयार कि इस मुल्क में बुराइयाँ ही बुराइयाँ देखेगी और जब उसने देखा कि यहाँ हालात इतने बुरे नहीं हैं तो उसने हालात को बुरा दिखाने का फ़ैसला कर लिया।

(गरज की आवाज़, गैस निकलने की आवाज़ें। देवराज सुनता है मगर बात जारी रखता है)

मदीहा : उसने तुम्हें चुनौती दी है।

देवराज : अजीब बात है कि ग़रीबों की मदद करने के लिए मुझे अपनी सफ़ाई पेश करनी पड़े। मेरी जान! एनीमल चेरिटी फंड इन ग़रीबों की मदद करने का एक तरीक़ा है। जैसे कि 700 नये घर बनवाना, ग़रीबों की मदद करने का एक तरीक़ा था। क्योंकि इस मुल्क़ के ग़रीब दरअसल इतने ग़रीब नहीं जितने कि वो बस भुला दिए गए हैं।

मदीहा : ख़ैर ये तुम्हारा बड़प्पन है लेकिन...

देवराज : हम लोग बच्चे मारने में नहीं लगे हैं, बच्चे ख़रीदने में नहीं लगे हैं, झोपड़पट्टी की माँए कार्बाइड थंडर की दी हुई बीमारियों से नहीं मर रहीं हैं बल्कि उस बीमारी के कारण जो निर्धनता से उत्पन्न होती है। मुझे इस दो कौड़ी की औरत लेबॉन्ते की ज़रा परवाह नहीं है। मैं बाप बनने के ख़्याल से ज़रूर कुछ नर्वस हूँ।

मदीहा : आई एम सॉरी, मैंने तुमपर ख़्वामख़्वाह शक किया...मैं तो सिर्फ़ तुम्हारी मदद करना चाहती हूँ।

देवराज : उस बेहूदा डॉक्टर के साथ अपने बच्चे को दांव पर लगाकर?

मदीहा : तुम अपना काम इस लगन से करते हो, उसे चुप करने के लिए मैंने अपनी कोख दांव पर लगा दी, तो इसमें कोई हर्ज नहीं...आख़िर हमारे अपने बच्चे से बेहतर क्या सुबूत हो सकता है।

(देवराज उसे बाँहों में लेकर प्यार करता है)

देवराज : अरे मदीहा, तुम समझ नहीं रही हो...

(एकाएक दिल हिला देने वाली गड़गड़ाहट शुरू हो जाती है)

व्हॉट द हेल इज़ दैट? कसरा! कसरा! यह क्या हो रहा है?

(गरजती हुई आवाज़ जैसे भूकंप, चारों तरफ चिंगारियाँ। देवराज का फ़ोन बजने लगता है। धीरे-धीरे अफ़रा-तफ़री की आवाज़ें, लोग इधर-उधर भाग रहे हैं। सड़कों की आवाज़ें चीखों में बदल जाती हैं। देवराज खिड़की की तरफ़ भागता है।)

देवराज : गॉड, द प्लांट इज़ बर्निंग! *(फ़ैक्टरी में आग लग गई है)*

मदीहा : ओ माई गॉड!!

देवराज : *(पुकारते हुए)* ऋषि! अशरफ़! पूजा! ठहरो, ठहरो।

(मदीहा से) तुम इनके साथ निकल जाओ। टेक द साउथ ईस्ट एक्ज़िट।

(पुकारते हुए) राजा! तुम यहीं मेरे साथ ठहरो।

मदीहा : अरे मेरी आँखें, मेरी सांस घुट रही है।

(मदीहा देवराज की तरफ पलटती है)

देवराज : मदीहा अपनी आँखों को ढांप लो और भागो। बस निकल जाओ।

(पुकारते हुये) पूजा! ऋषि! मदीहा के साथ जाओ।

(मदीहा को भगाने के लिए एक धक्का देता है। एकदम अंधेरा। सरग़ोशियों की आवाज़ें अंधेरे में आती रहती हैं)

भगवान के लिये मुझे बताओ तो सही, आख़िर हुआ क्या? एक टैंक बर्स्ट हो गया, क्या मतलब? कौन सा टैंक? *(लाशें गिरती हैं)*

जगनलाल : क्या कहा?

देवराज : द एम.आई.सी.!

जगनलाल : एक बार फिर कहो। एक्सप्लोज़न? कहाँ?

इज़्ज़त : बड़ा फैक्टरी, हव, हव, चल जा, जल्दी, जल्दी, चण्डालिका!

जगनलाल : ठीक है, ठीक है, मर गए, कितने?

सोनिया : लोग मक्खी-मच्छर की तरह मर रहे हैं और आप कुछ नहीं कर रहे।

इज़्ज़त : ज़हरीली गैस!

मदीहा : मेरी आँखें! मेरा दम घुट रहा है! मेरा बच्चा!

इज़्ज़त : पी पी जी

सोनिया : गेट सम डॉक्टर्स और डाक्टरों को लेकर आओ।

इज़्ज़त : बच्चों को, सबको, इधर लाओ, इधर।

मदीहा : इलाही मेरे बच्चे को बचा ले।

(एंडरसन की आवाज़, गला साफ करते हुए, एंडरसन अमरीका में दिखाई देता है और कलाकारों की आवाज़ें सुनाई देती हैं।)

एंडरसन : मुझे एक हफ़्ते से फ़्लू हुआ है। आई हैव हैड द फ़्लू फ़ॉर ए वीक।

मदीहा : मैंने कभी मरे आदमी को छुआ नहीं।

एंडरसन : लेकिन अब मैं ठीक हो रहा हूँ। वाशिंगटन इस ज़माने में इतन्ना ह्युमिड होता है, ह्युमिड लाइक हेल। मुझे आज कनेक्टिकट जाना था, लेकिन जूली को फर्स्ट लेडी के लंच पर व्हॉइट हाउस जाना था। अच्छा तो तुम क्या कह रहे हो। आर यू श्योर व्हॉट, वर्स्ट दैन ब्राज़ील?

(हिंदुस्तान में)

सोनिया : इट्स ए गैस चेम्बर!

देवराज : मंत्री महोदय, सॉरी टू बॉदर यू।

सोनिया : बॉडी नंबर ऑन फोरहेड।

इज़्ज़त : बाडी नंबर 1537, 1538, 1539...

(एंडरसन अमरीका में)

एंडरसन : हाउ मेनी डेड?

(हिंदुस्तान में)

सोनिया : गिनती का कोई मतलब नहीं है। नंबर्स हैव नो मीनिंग एनीमोर।

देवराज : डैम इट, डैम इट, इडिएट्स! मुकुंद...मुकुंद...मुकुंद...क्या हो रहा है?

इज़्ज़त : भागो मत।

मदीहा : इलाही मेरे बच्चे का क्या होगा!

इज़्ज़त : एक कनि रूको, तनिक ठहर जाओ। हाँ, हाँ मैं जानत हंव, सब झन खांसत है। सब झन हाथ पकड़ लो।

सभी : प्लीज भई चढ़ मत जाओ, ज़रा अलग रहो, हट के।

(एंडरसन अमरीका में)

एंडरसन : हू इज़ आवर गाई ओवर देयर? आई वांट टू टॉक टू हिम। दि मिनिस्टर? स्पेल इट...स्पेल इट...जगनलाल भंडारी।

(हिंदुस्तान में)

जगनलाल : कार्बाइड इंटरनेशनल का स्लोगन सिरों में गूँज रहा है।

मदीहा : हवा नहीं है, रोशनी नहीं है।

(रफ़्ता-रफ़्ता रोशनी होती है। जगनलाल और एंडरसनं को छोड़ सभी चले जाते हैं। एंडरसन और जगनलाल सामने आते हैं। चलते-चलते जगनलाल कहता है)

जगनलाल : व्हाई भोपाल? भोपाल क्यूँ?

एंडरसन : नो वन फ़ॉर श्योर नोज़ व्हॉट हैपन्ड।

जगनलाल : अभी क्यूँ? व्हाई नाउ?

(रोशनी होती है तो हम जगनलाल और एंडरसन को देखते हैं। वे सामने खड़े हैं। एक दूसरे को नहीं देखते, वो सवालात के जवाब दे रहे हैं। जगनलाल हिंदुस्तान के पत्रकारों से बात कर रहे हैं और एंडरसन अमरीका के प्रेस से। दरअसल वे प्रेस के माध्यम से एक दूसरे से बातें कर रहे हैं। पीछे लोग खड़े हैं)

देवराज : आप कार्बाइड इंटरनेशनल के अंदर दस गुना ज़्यादा सुरक्षित हैं, झोपड़पट्टी की तुलना में।

जगनलाल : ठीक है मि. एंडरसन। वे सब लोग सड़कों पर मरे, कोई भी फ़ैक्टरी के अंदर नहीं मरा।

एंडरसन : जेंटलमेन, आप कभी हिंदुस्तान गए हैं, तो आप जानते ही होंगे, वे लोग कैसे रहते हैं। जब हमने फ़ैक्टरी बनाई, वहाँ कोई स्लम नहीं था। बाद में वहीं स्लम आ गया। इसकी ज़िम्मेदारी क्या हमारी है।

जगनलाल : स्लम? रबिश। स्लम वहाँ प्लांट बनने से पहले बरसों से खड़े थे मिस्टर एंडरसन, और केवल स्लम ही नहीं वहाँ डी. आई.जी. पुलिस का बंगला बरसों से खड़ा है।

एंडरसन : लुक, द नेम आफ द गेम इज़ नॉट टू नेल मी डाउन...द नेम आफ द गेम इज़ टू प्रोवाइड फ़ॉर द विक्टिम्स।

जगनलाल : व्हॉट?

एंडरसन : देखिए, केस करना ज़रूरी है या विक्टिम्स को राहत देना ज़रूरी है?

जगनलाल : यही ख़ास बात है, यही ख़ास बात है कमबख़्त पश्चिमी देशों की। हिंदुस्तान की अदालतों ने उनके खिलाफ़ केस अभी खोला भी नहीं है और वे अभी से, अभी से हमें बता रहे हैं, क्या फ़ैसला होना चाहिए। भगोड़ा, इंसाफ से भागने वाला। *(काग़ज़ दिखाकर)* इसे और क्या कहिएगा।

एंडरसन : मुझे ग़लत न समझें मिस्टर भंडारी।

जगनलाल : तीन तारीख़ें अदालत की दी हुई गुज़र गईं मिस्टर एंडरसन, और आप अभी तक अमरीकन प्रेस से बातें करने में लगे हैं! उस जुर्म के बारे में जो हिंदुस्तान में घटित हुआ है।

एंडरसन : मैं आपको यक़ीन दिलाता हूँ कि गैस से पीड़ित लोगों को पूरा-पूरा मुआवज़ा दिया जाएगा। इसमें कोई शक-शुब्हे की गुंजाइश नहीं है। लेकिन मेरी राय में इस घटना में कोई क्रिमिनल रिस्पॉन्सिबिलिटी का सवाल पैदा नहीं होता।

जगनलाल : रियली!

एंडरसन : ज़ाहिर है मेरी नीयत क्रिमिनल न थी, न है, न कभी होगी...ठीक है, ठीक है मैं हिंदुस्तान आ रहा हूँ। आई विल कम टू इंडिया!

दृश्य : तेरह

दर्जनों जख़्मी लोग एक साथ या कुछ लोग अलग पड़े हैं। सभी की आँखों पर सुरक्षा के लिए पट्टियाँ लगी हुई हैं। सोनिया एक मरीज़ को लेकर आती है।

इज़्ज़त : डॉ. सोनिया।

सोनिया : व्हॉट?

इज़्ज़त : ये दे फुंसी, मोर हाथ में फुंसी हो गेहे काते।

सोनिया : यू विल बी ऑल राइट।

इज़्ज़त : मोर बदन येदे मोर शरीर।

सोनिया : ठीक हो जाओगी।

इज़्ज़त : *(इज़्ज़त खून के थक्के थूक रही है)*

ये दे थूक में का निकलत हे डाक्टरनी साब, खून हे का।

(सोनिया इज़्ज़त के सीने की मालिश करती है और उसका सिर अपनी जांघों पर लेती है)

मैं अंधरा होवत हंव, मोर आँखी में कुछ दिखत नई है, काबर?

सोनिया : मुझे नहीं मालूम, मुझे नहीं मालूम।

इज़्ज़त : तैं जानत हस। तैं पहली मोर ईलाज करे रेहेस। तैं जानत हस। मोर खून-पेशाब देखे हस तेहा। तोर करा मोर कागत, मोर फाइल हे। तैं सब जानत हस।

सोनिया : मैं सिर्फ इतना जनती हूँ कि तुम्हारी हालत दिन-ब-दिन

बदल रही है।

(आँखों पर पट्टी दोबारा रखती है)

मैंने दवाई के लिए अमेरिका फ़ोन कर दिया है।

(इज़्ज़त दवा की गोलियाँ जेब से निकालती है)

इज़्ज़त : ये दे ये गोली से फायदा होहि।

(सोनिया इज़्ज़त के पास वापस आती है)

सोनिया : ओ गॉड! हू सोल्ड यू दीज़।

गीत

कैसा भभका, कैसी गंध
हो रही है साँस बंद
रोशनी आँखों की मंद
जिस्म-ओ-जाँ में बस रही है कैसी मटमैली हवा
ग़ैब से चलने लगी जब
एक ज़हरीली हवा

(स्वॉवे आती है)

स्वॉवे : *(ठहर-ठहर कर बोलता है)* डॉ. लेबॉन्ते, में आई हैव योर अटैन्शन...लीगली आप इस औरत की मदद नहीं कर सकतीं...24 घंटे के अंदर-अंदर आपको प्लेन पकड़ लेना है...डॉ. लेबॉन्ते आपको कैनेडा वापस जाना होगा...आपने सुना मैं क्या कह रही हूँ। *(इस दौरान सोनिया मरीज़ों को देखने में व्यस्त रहती है)*

सोनिया : जस्ट शट अप!

(सोनिया इज़्ज़त की मदद करने में लगी रहती है। स्वॉवे चली जाती है। एक मरीज़ दम तोड़ देता है)

सोनिया : अटेन्डेंट्स!!

(दो आदमी मृतक को बाहर ले जाते हैं।)

टेक दिस डेड बॉडी आउट। फ़ोटोग्राफ़ हिम, बॉडी नंबर ऑन द फ़ोरहेड।

(तीन चार आदमी अपने संबंधियों को देखने के लिए प्रवेश करते हैं)

जो आदमी अभी दो घंटे के अंदर-अंदर मरे हैं वो यहाँ नहीं मिलेंगे। उनके लिये आप मार्केट जाएँ, चौक जाएँ या लेक की तरफ़ जाएँ। लॉन पर एक बहुत बड़ा पोस्टर लगा हुआ है 'द अनआईडेन्टिफ़ाइड डेथ्स।'

(आदमी चले जाते हैं)

दृश्य : चौदह

नारों की आवाज़ें जो धीरे-धीरे कम होती जाती हैं। एंडरसन पहुँच गया है। जगनलाल उसे एयरपोर्ट पर लेने के लिए गया हुआ है।

एंडरसन : आई एम सो सॉरी सर!

जगनलाल : यस मि. एंडरसन।

एंडरसन : आई रियली एम सॉरी!!

जगनलाल : समय कम है मिस्टर एंडरसन।

एंडरसन : आप स्वयं मुझे लेने के लिए आए, आई एप्रिशिएट इट।

जगनलाल : वे लोग बाहर खड़े हैं।

एंडरसन : हू आर दे?

जगनलाल : पुलिस!

एंडरसन : एम आई बींग अरेस्टेड?

जगनलाल : आपको सुरक्षा की ज़रूरत है।

एंडरसन : वेयर इज़ मिस्टर सार्थी?

जगनलाल : सुरक्षित हैं।

एंडरसन : मे आई सी हिम?

जगनलाल : आप उनसे मिलेंगे।

एंडरसन : प्रोसीड टू द पुलिस कार?

जगनलाल : प्रेस फ़ोटोग्राफ़रों को रहने दीजिए, वे वहीं आ जाएँगे। वहीं तस्वीर खिंचवाइएगा। ये ज़रूरी है कि आम लोग आपको

बयान देते हुए देखें। मैं आपके लिए ये फ़ेवर कर रहा हूँ। आप हाउस अरेस्ट में रहेंगे, चौबीस घंटों के लिए। किसी को इजाज़त नहीं होगी आपसे मिलने की, सिवाय सार्थी के। हालात को देखते हुए इससे बेहतर और कोई उपाय मुझे नज़र नहीं आया।

एंडरसन : आई एम श्योर!

(जगनलाल नफ़रत से पाँव पटकते हुए)

चलो।

(पुलिस वाले एंडरसन को ले जाते हैं। जगनलाल भी जाता है। प्रेस फ़ोटोग्राफ़र व पत्रकार उनका रास्ता रोकने की कोशिश करते हैं)

दृश्य : पंद्रह

एंडरसन की नज़रबंदी। एंडरसन फ़ोन पर है। देवराज निराश बैठा है।

एंडरसन : (*फ़ोन पर*) व्हॉट? यस....मैं नहीं जानता...एक तो उनके पास था...ऑफकोर्स दे हैड वन। यहाँ मेरे सामने रखा है। यस आई नो...व्हॉट...दैट....मेनी...नो, नो, फ़ाइन...

(फ़ोन बंदकर देवराज की तरफ देखता है)

स्टॉक्स आर डाउन, 17 परसेंटेज पाइंट। मतलब 678 मिलियन डॉलर। जिसका बोझ किसी न किसी को उठाना है। आप लोग इस कंट्री में क्या करते रहते हैं।

(एक पत्रिका देवराज की तरफ फेंकते हुए)

ये क्या है?

देवराज : योर सेफ़्टी मैनुअल।

एंडरसन : आपने उसे कभी देखा?

देवराज : यस!

एंडरसन : आपके यहाँ कुल चार सेफ्टी डिवाइसेज़ थे। हाउ मेनी वेयर वर्किंग?

देवराज : रेफ्रिजरेशन आपके हुक्म पर बंद कर दिया गया था ताकि ख़र्चा कम हो। स्क्रबर की अभी-अभी मरम्मत हुई थी फिर भी वह काम नहीं कर रहा था। पानी के पाइप टॉवर तक नहीं पहुँच पा रहे थे।

एंडरसन : रूल की क़िताब के अनुसार कम से कम दो अच्छी हालत में होने चाहिए थे। हाउ मेनी वेयर वर्किंग?

देवराज : उनके सर्टिफ़िकेट हासिल कर लिए गए थे।

एंडरसन : लेकिन काम? वेयर दे वर्किंग?

देवराज : आई डोंट नो।

एंडरसन : यू डोंट नो???

देवराज : कोई भी डिवाइस काम नहीं कर रहा था।

एंडरसन : हू सर्टिफ़ाइड देम?

देवराज : मिनिस्टर की सेफ़्टी इंस्पेक्शन टीम ने...वी वेयर सर्टिफ़ाइड। **(देवराज एंडरसन को लॉगबुक देता है। एंडरसन उसके पन्ने पलट कर देखता है)**

एंडरसन : आखिरी बार किस तारीख़ को सर्टिफ़ाइड किया गया था

देवराज : दो हफ़्ते पहले।

एंडरसन : और अब उसके बाद कौन सी तारीख़ को सर्टिफ़ाइड होना चाहिए?

(देवराज ख़ामोश रहता है)

ओके, अगर प्लांट फट न जाता तो किस तारीख़ को सर्टिफिकेट दिया जाता।

देवराज : आज से दो हफ़्ते बाद।

एंडरसन : इसका मतलब है चार हफ़्ते। लेकिन आपके पास पहले से सर्टिफ़िकेट मौजूद है। वैसे छह हफ़्ते, आठ हफ़्ते, दस हफ़्ते तक का सर्टिफ़िकेट यहाँ मौजूद है। व्हॉट इज़ गोइंग ऑन हियर। आपके पास सारे सर्टिफ़िकेट मौजूद हैं जो वक़्त अभी आया भी नहीं है उसकी भी क्लीयरेंस आपके पास मौजूद है।

देवराज : दिस इज़ इंडिया। सर्टिफ़िकेशन ऑफ़िसर्स सारी स्टेट के लिए कुल दो हैं। वो हर दो हफ़्ते में हाज़िरी नहीं दे सकते। हमें लोकल कंडीशंस के साथ तालमेल रखना पड़ता है।

एंडरसन : विच मीन्स?

देवराज : उन्हें घूस देना होता है। चुनांचे वो जब एक बार जाँच के लिए आ जाते हैं तो हम उन्हें रिश्वत देते हैं कि वो तीन महिने के सर्टिफ़िकेट पेशगी दे दें। करप्शन इज़ कल्चर हियर सर।

एंडरसन : इसके पहले भी प्लांट में गैस लीक हुई है, है ना?

देवराज : इतने बड़े पैमाने पर नहीं।

एंडरसन : व्हॉट वाज़ डन?

देवराज : हमने नोटिस घर-घर पहुँचा दिया था।

एंडरसन : लोग तो सबके सब अनपढ़ हैं ना?

(देवराज लाजवाब हो जाता है)

रेफ्रिजरेशन बंद करने से कितनी बचत हुई?

देवराज : यू वुड नो दैट बेटर दैन आई।

एंडरसन : एंड द स्क्रबर? उस पर कितनी बचत हुई?

देवराज : मैं आपसे कह रहा हूँ....

एंडरसन : और रिश्वत पर? हाउ मच?

देवराज : मिस्टर एंडरसन।

एंडरसन : इन सब बातों के बारे में हमको अमरीका में सूचित क्यों नहीं किया गया था?

देवराज : सूचना आपको भेजी गई थी सर। मेरे पास रिकार्ड मौजूद है। आपके पास 27 मेमो भेजे गए थे।

एंडरसन : ट्वेन्टी-सेवन मेमोज़?

देवराज : नो ट्वेन्टी सेवन डेड बेबीज़!

एंडरसन : व्हॉट?

देवराज : नो, आई एम सॉरी, एट्टीन। आपके पास 18 सूचियाँ भेजी गई।

एंडरसन : मैं अब इस कार्पोरेशन को कैसे बचाऊँ?

देवराज : हमें जो भी इंस्ट्रक्शंस हेड ऑफ़िस से भेजे गए थे, हमने उन सब का पालन किया।

एंडरसन : शट अप!

(एंडरसन अख़बार उठा लेता है)

यह कैसे हुआ? यह रिपोर्टर राजकिशोर केशवानी, जिसका नाम मैं हरतरफ़ देख रहा हूँ, पहले ही से प्लांट की सेफ़्टी के बारे में भविष्यवाणी करता रहा और मैंने इस बाबत् इससे पहले कभी सुना ही नहीं।

देवराज : सर ऐसे एडीटोरियल तो वह, जिस दिन से प्लांट खुला, उसी दिन से बराबर लिखता रहा है।

एंडरसन : वह यहाँ इस क्लीनिक के रिसर्च का ज़िक्र कर रहा है, कहता है कार्बाइड अजन्मे बच्चों की हत्या कर रहा है।

देवराज : एक कैनेडियन डाक्टर है। वह ये सिद्ध करने के लिए रिसर्च कर रही है कि कार्बाइड इंटरनेशनल अजन्मे बच्चों को उस वक़्त से ज़हर दे रहा है, जबसे वो चालू है।

एंडरसन : एंड यू इग्नोर्ड इट?

देवराज : हमने उस डॉक्टर को प्लांट में आने से मना कर दिया।

एंडरसन : और यह क्या है? कार्बाइड की एक एम्प्लाई मदीहा अकरम बज़ाहिर सी.ई.ओ. का बच्चा अपने पेट में लिए घूम रही है।

देवराज : (*अख़बार छीनते हुए*) ये दुर्घटना से पहले लिखा गया था।

एंडरसन : तो आपने उस एम्प्लाई को गर्भवती बना दिया।

(देवराज ख़ामोश रहता है)

वाज़ इट कान्सेचुअल?

देवराज : वह मेरी गर्लफ्रेंड है!

एंडरसन : व्हॉट अ मेस!! मेरा ख़्याल था कि मैं एक विज़न वाले, सूझबूझ वाले आदमी को इंडिया भेज रहा हूँ। मुझे नहीं मालूम था कि मैं दरअसल एक प्लेबॉय को भेज रहा हूँ।

देवराज : मे आई एक्सप्लेन?

एंडरसन : वेयर इज़ दैट कैनेडियन डॉक्टर?

देवराज : आई डोंट नो!

एंडरसन : एंड योर गर्लफ़्रेंड?

देवराज : जी वह...

एंडरसन : डॉ. सोनिया तुम्हारी गर्लफ्रेंड को नहीं छोड़ेगी, मेरा फैसला है...

(एंडरसन देवराज को ख़ामोशी से कुछ समझाता है)

जस्ट थिंक अबाउट इट!

(एंडरसन चला जाता है। देवराज उसे जाते देखता रह जाता है)

दृश्य : सोलह

मरीज़ फर्श पर गुथे पड़े हैं। उनमें मदीहा और इज़्ज़त भी हैं। मदीहा की दोनों आँखों पर पट्टी है और इज़्ज़त की एक आँख पर। इज़्ज़त कुछ खा रही है।

इज़्ज़त : मदीहा मेमसाब!

(जवाब नदारद)

मदीहा बाई, मेमसाब। बातेच नई करत हे। एक शब्द नई।

(मदीहा ख़ामोश थी, अब खांसने लगती है। इज़्ज़त फिर खाने लगती है)

खाबे, लईका के सेंती कुछ खा ले। खाबे ना?

(जो कुछ खा रही है, मदीहा की तरफ बढ़ाती है, मदीहा फर्श पर खाना गिरा देती है।)

जहाँ माढ़े हे तेला ते हा जानत हस। अच्छा आइडिया हे। तें बचा के खाय बर सोचत होबे। ठीक हे, बाद में काम आही। कहानी सुनबे? ले सुन...

ऐसे किहिस भगवान

बड़ देवता पत्ता पे बैठिस
हाथ ला मल के निकालिस मैल
मैल से जनमिस एक कौआ
कौआ ला किहिस भगवान
जा तैं खोज के भूमि ला लान

ऐसे किहिस भगवान।

फेर कौआ, मकड़ी, अऊ केकड़ा मन कछवा के घेंच ला दबाइस,
तब कछवा हा भूमि ला उगल दीस।

पानी ऊपर घूम-घूम के
जाल बिछादिस मकड़ी
जाल के ऊपर बड़े जतन से
भूमि जमादिस मकड़ी
भूमि ला पहचान
ऐसे किहिस भगवान।

फेर सब झन मिलके नाचे गाए बर भिड़गे। ओखर बाद बड़ देवता अपन मूड़ी के जटा से बाल नोच के फेकिस। ओखर से पेड़ बनगे। उही पेड़ ला काट के हल बनाइस। जब हल चले ला लगगे तब भूमि से अन्न उपजिस।
अन्ना ला दीमक के बांबी के भीतर
रख दो भैया
सब मनसे के काम ये आही
बोलो राम रमैया
कौआ, मकड़ी, केंकड़ा, कछवा
सब झन खाइस धान
ऐसे किहिस भगवान।

एक औरत : फेर का होइस?

इज़्ज़त : फेर का होइस! आगू चल के उहि धान में कीड़ा लगगे।

मदीहा : फिर क्या हुआ?

इज़्ज़त : फेर आदमी कीड़ा बर दवाई खोजन लागिस।

मदीहा : फिर?

इज़्ज़त : वोहि दवाई के सेती मोर बेंदरी मरगे मदीहा।

(सोनिया आती है)

सोनिया : (*इज़्ज़त से मदीहा की तरफ इशारा करते हुए*) अच्छा, बात करने लगी है।

इज़्ज़त : हव।

मदीहा : सोनिया लेबॉन्ते! डॉ. सोनिया लेबॉन्ते!!

(मदीहा उठना चाहती है। आँख से पट्टी हटाने लगती है। सोनिया उसे रोक देती है)

सोनिया : नहीं नहीं....इसे मत निकालिए।

मदीहा : शुक्रिया!

मदीहा : (*सोनिया से*) मैंने आपके साथ अच्छा बर्ताव नहीं किया, इसका मुझे अफ़सोस है।

सोनिया : नहीं नहीं....वैसा मत....

मदीहा : समझ में नहीं आता, किन अल्फ़ाज़ में आपका शुक्रिया अदा करूँ। आपने मेरी ज़िंदगी मुझे वापस दी, मेरा बच्चा वापस दिया।

सोनिया : बच्चा ज़िंदा है....

मदीहा : मैंने आपसे कहा था न....

सोनिया : जी।

मदीहा : मैं देवराज को देखना चाहूँगी।

सोनिया : मिस मदीहा अकरम, कुछ बातों पर आपको अच्छी तरह ग़ौर कर लेना चाहिए। जैसे देवराज, क्या वह ये देख सकेंगे?

मदीहा : दैट यू लुक्ड ऑफ़्टर मी, ऑफ़कोर्स!

सोनिया : मेरा मतलब आपके गर्भ से है।

मदीहा : अच्छा, अच्छा, क्यों नहीं। ख़ासतौर पर इस एक्सीडेंट के बाद।

सोनिया : (*व्यंग्य से*) ये हादसा था, है ना?

मदीहा : जी। इस हादसे के बाद वो इसे देखकर खुश हो जाएँगे।
(पेट की तरफ़ इशारा करके)
कुछ ही दिनों में मेरा पेट नज़र आने लगेगा। बस अब वो मुझसे शादी के लिए तैयार हो जाएँगे।

सोनिया : लेकिन मैं आपको एक डॉक्टर की हैसियत से बता दूँ अभी यह सिलसिला ख़त्म नहीं हुआ है। असल मुसीबत अब शुरू होने वाली है।

मदीहा : क्या मतलब?

सोनिया : हादसे के बाद पहला बच्चा जो मेरी क्लीनिक में पैदा हुआ था उस बच्चे की आँखें नहीं थीं।

मदीहा : डॉ. लेबॉन्ते, आप मुझे डरा क्यों रही हैं?

सोनिया : बहुत जल्द भोपाल मुर्दा पैदाइशों और डिफ़ार्मड बच्चों से पटा हुआ नज़र आने वाला है।

मदीहा : उनमें मेरा बच्चा शामिल नहीं है। ये लोग अपने बच्चों के बारे में झूठ बोलते रहे हैं और सिर्फ बच्चों के बारे में नहीं, हर चीज़ के बारे में। अपने परिवार के बारे में। अपने जानवरों के बारे में....

सोनिया : मिस मदीहा?

मदीहा : जैसे ये इज़्ज़त, शी लाइड अबाउट एवरीथिंग...हर डेड गोट... हर डेड डॉग...डेड पिग।

सोनिया : एंड एट द एंड शी सोल्ड हर ओन डेड बेबीज़?

मदीहा : मैं समझ गई तुम क्या करना चाहती हो। तुम एक बार शुरू होकर रूकना नहीं जानतीं, है ना? तुम हर चीज़ का इल्ज़ाम देवराज पर थोपना चाहती हो। तुम मेरे दिल में भी डर बिठा देना चाहती हो। इसी में तुम्हें फ़ायदा है, है ना? मुझे डराओ ताकि मैं अपना बच्चा गिरा दूँ। एक ज़बर्दस्त स्कैंडल। भोपाल प्लांट के सी.ई.ओ. का बच्चा कंपनियों की ग़लतियों का शिकार। तुम्हें शर्म नहीं आती।

सोनिया : तुम्हारी ख़ातिर मैं चाहूँगी कि मैं ग़लती पर होऊँ। लेकिन तुम्हें बता देना मैं अपना फ़र्ज़ समझती हूँ कि तुम्हारा बच्चा हो सकता है....

मदीहा : व्हाई डिड यू टॉक लाइक दिस?

सोनिया : एबॉर्शन, बच्चा गिरा देना एक रास्ता है। मैं तुमसे यह नहीं कहूँगी कि तुम्हें क्या करना चाहिए। मैं ऐसा नहीं कह सकती। लेकिन ख़तरे से परिचित करा देना मेरा फ़र्ज़ है। बहरहाल मैं आपके लिए ये फ़ॉर्म लाई हूँ। आप इस पर दस्तख़त कर दें।

मदीहा : व्हॉई?

सोनिया : इस फ़ॉर्म पर दस्तख़त के बग़ैर भोपाल का कोई डॉक्टर तुम्हें हाथ नहीं लगाएगा। गवर्नमेंट रूल। सारी पैदाइशें और गर्भपात रिकार्ड में दर्ज होने चाहिए। आम जानकारी के लिए।

मदीहा : और मैं यह समझ गई हूँ कि आप मेरे बच्चे की पैदाइश को आप जानकारी में लाने के लिए क्यों तुली हुई हैं।

सोनिया : (*फ़ॉर्म दिखाते हुए*)
हाँ आप चाहें तो आप भोपाल के बाहर किसी डॉक्टर को बग़ैर इस फ़ॉर्म के कन्सल्ट कर सकती हैं, लेकिन अगर कुछ हो गया तो...

मदीहा : समथिंग हैपन्स?
(आँखों की पट्टी की तरफ़ इशारे से अपनी लाचारी का इज़हार करते हुए अपना हाथ सोनिया की तरफ बढ़ा देती है)
लो, मैं तुम्हारी बात मान लेती हूँ। मेरा हाथ पकड़िए। मैं फ़ॉर्म पर दस्तख़त किए देती हूँ।
(सोनिया दस्तख़त करने में उसकी मदद करती है)

सोनिया : इस फ़ार्म से मुझे आप पर और आपके बच्चे पर अधिकार

मिल जाएगा।

मदीहा : यानि अब मेरी-आपकी शर्त पक्की हो गई!

सोनिया : मिस मदीहा, आप हैं बहुत ज़िद्दी।

मदीहा : मैं साबित कर दूँगी कि आप ग़लत हैं। मैं साबित कर दूँगी कि देवराज बेक़सूर है। आप उनसे कहिए और उन्हें मेरे पास भेज दीजिए।

इज़्ज़त : ते हा बच्चा के बाजी लगा दे हस का मेमसाब? बच्चा के बाजी लगा दे हस का?

(मदीहा इज़्ज़त की तरफ मुँह फेर लेती है। सोनिया फ़ॉर्म को गौर से देखती है। देवराज हिरासत में आता है)

देवराज : (*इंस्पेक्टर को*) थैंक यू।
मदीहा...

मदीहा : हाय....

देवराज : हाय मदीहा, तुम बैठना चाहती हो?

मदीहा : जस्ट से हैलो।

देवराज : हैलो!

मदीहा : नहीं इस तरह नहीं। जब तुम सुबह-सुबह, इतवार के दिन मेरे घर का दरवाज़ा चीरते हुए आते थे ज़िंदगी से भरे हुए, 'हैलो मदीहा' उस तरह।

(इस ख़्याल के आते ही हल्की सी आवाज़ निकल आती है।)

हल्लू मदीहा...।

देवराज : (*कोशिश करते हुए*)
हल्लू मदीहा...मैं समझा था तुम नहीं रहीं।

मदीहा : मैं भी...यही समझी थी।

देवराज : इट्स ऑल माई फ़ाल्ट। मैंने तुमसे भाग जाने के लिए कहा। काश तुम ना भागतीं। मेरा क़सूर है, ये सब मेरा क़सूर है, तुम सीधा गैस के अंदर भागतीं चली गईं।

(*रुककर*) आई एम सॉरी, आई एम सॉरी (*उसे देखते हुए*) कुछ कहो...समथिंग...जस्ट से इट।

मदीहा : आई लव यू!

देवराज : नो।

मदीहा : आई लव यू!!

(बढ़ती है और उसे हल्के से छूती है। देवराज उसे प्यार करती है बड़े ज़ोर से फिर रूक जाता है)

देवराज : आई हैव बीन थिंकिंग...

मदीहा : थिंकिंग अबाउट व्हॉट?

देवराज : अबाउट अस।

मदीहा : अस?

देवराज : मुझे अमरीका वापस चले जाना चाहिए।

मदीहा : चले जाना चाहिए?

देवराज : और तुम मेरे साथ चलोगी।

मदीहा : यस, कब तक?

देवराज : जैसे ही इस हाउस अरेस्ट से आज़ादी मिल जाए।

मदीहा : तुम्हें आज़ाद...

देवराज : लेबॉन्ते क्या करने वाली है उसपर डिपेंड करता है।

मदीहा : उसे हमारे अमरीका जाने से क्या लेना-देना?

देवराज : तुम नहीं जानती, वह औरत कितनी ज़िद्दी है।

मदीहा : मैंने आखिर उस फ़ॉर्म पर दस्तख़त कर ही दिया है, मैं उसे ग़लत साबित करके रहूँगी।

देवराज़ : उस औरत का रिसर्च किस चीज़ के बारे में है, तुम कुछ जानती हो?

मदीहा : यू आर कंफ़्यूज़िंग मी।

देवराज : जानतीं हो...

मदीहा : सम नॉनसेंस अबाउट द फ़ैक्टरी, अबाउट द फ़ैक्टरी।

देवराज : व्हॉट अबाउट द फ़ैक्टरी?

मदीहा : आई डोंट नो...अबाउट वीमेन....अबाउट बेबीज़, एनीमल्स, आई डोंट नो।

देवराज : व्हाई डू यू थिंक वी पेड फ़ॉर ऑल दोज़ डेड एनीमल्स।

मदीहा : इट्स बिकाज़...द एनीमल चेरिटी....ओ माई गॉड!

देवराज : मेरा बुरा सपना तुम्हारे पेट के अंदर पनप रहा है।

मदीहा : तुमने मुझसे झूठ कहा!

(अभी ये दोनों बातें कर ही रहे हैं कि इज़्ज़त मंच के दूसरे कोने में प्रकट होती है। वह रेत के एक ढेर के पास बैठ जाती है जो एक क़ब्रिस्तान का प्रतीक है। उसके पास वह टोकरी भी है जो वह लिए फिरती है। वह क़ब्र को अपने हाथों से सहलाती है। उसके होंठ हिलते हैं लेकिन शब्द सुनाई नहीं देते)

देवराज : आई एम सॉरी!

मदीहा : तुमने तो मुझसे कहा था...

देवराज : क्या तुम मुझे माफ़ नहीं कर सकतीं?

मदीहा : माफ़, किस बात के लिए?

देवराज : ये बच्चा...

मदीहा : तुम ख़ुद अपने ही बच्चे के लिए मुझसे माफ़ी माँग रहे हो?

देवराज : ये बच्चा...हो सकता है...कि...

मदीहा : क्या हो सकता है?

देवराज : तुमने इज़्ज़त का बच्चा तो देखा है?

मदीहा : नहीं नहीं...मेरा बच्चा वैसा क्यों...

देवराज : तुम्हें बच्चा गिरा देना होगा।

मदीहा : नहीं!

देवराज : तुमने जो शर्त लगाई है उसके अनुसार तो तुम सोनिया की नज़रों में मेरी असफलता का जीता-जागता सुबूत पेश कर रही हो।

मदीहा : मैं सोनिया के लिए कोई सुबूत पेश नहीं करना चाहती।

नहीं यह मेरे दिल में हरगिज़ नहीं था। मैं तो अपने-आप की ख़ातिर साबित करना चाहती थी कि गैस कांड से पहले तुमने जो कुछ कहा था, वह सच है।

सोनिया ठीक कहती थी। कम से कम उसने अपना सारा वक़्त सच कहने में सर्व किया और मैं क्या करती रही? सारे वक़्त तुमसे प्यार। सारा वक़्त बबार्द करती रही।

देवराज : (*एक कागज़ का पुर्ज़ा या अख़बार दिखाता है*) सोनिया, वो कांफ़्रेंस नहीं जाने वाली।

मदीहा : कांफ़्रेंस, कांफ़्रेंस, कांफ़्रेंस...कांफ़्रेंस के बारे में मैं एक लफ्ज़ नहीं सुनना चाहती। कांफ़्रेंस के बारे में सुनते-सुनते मेरे कान पक गए।

देवराज : अगर तुम नहीं सुनना चाहती तो मैं इंतज़ार कर लूँगा। मैं चलूँ। ज़रा उनसे बात करके आऊँ।

मदीहा : किससे?

देवराज : जगनलाल से।

(मंच के दूसरे भाग में जगनलाल प्रकट होता है। वह ऐसी मुद्रा में है जैसे भाषण देने के लिए तैयार हो रहा हो)

मदीहा : वह आदमी, जिसने उसे कांफ़्रेंस में शिरकत करने से रोक दिया।

देवराज : वह आदमी, जो मुझे रिहा करेगा।

मदीहा : जी?

देवराज : क्योंकि वो कांफ़्रेंस में जाने वाला है।

मदीहा : अब वह तुम्हारा क्या बिगाड़ सकती है?

देवराज : इस लिहाज़ से नहीं कि मैंने तुम्हें गर्भवती बनाया।

मदीहा : मेरी कुछ समझ में नहीं आ रहा है।

देवराज : अब मैं तुम्हें कैसे समझाऊँ? दुनिया क्या कहेगी? बल्कि यूँ कहो कि डॉ. लेबॉन्ते क्या चाहेगी कि दुनिया हमारे बच्चे के बारे में कहे...

मदीहा : मैं नहीं समझती कि वह कुछ भी कहेगी।

देवराज : वह सारी ज़िंदगी हमारे बच्चे को अख़बारों, कांफ़्रेंसों, तक़रीरों के ज़रिए याद दिलाती रहेगी कि वह अपने बाप के कारण अस्वस्थ है। मेरे ख़्याल से तुम्हें हरगिज़ इस चीज़ की इजाज़त नहीं देनी चाहिए। ख़ासतौर से डॉ. लेबॉन्ते को कि वह हमारे बच्चे को मेरे ख़िलाफ इस्तेमाल करे। इससे मुझे जो धक्का पहुँचेगा, उसे ज़रा सोचो।

मदीहा : मैं बहुत थक गई हूँ देवराज। मैं नहीं समझ पा रही कि तुम आख़िर मुझसे चाहते क्या हो?

(देवराज एंडरसन का दिया हुआ लिफ़ाफ़ा उसे देना चाहता है)

देवराज : मैं तुम्हें अपने साथ अमरीका ले जाना चाहता हूँ।

मदीहा : अमरीका मेरे लिए क्या करेगा? क्या मेरी आँखें मुझे वापस दिलवा देगा? मुझे अपना ये बच्चा जो मेरे पेट में पनप रहा है, मुझे वापस दे देगा?

देवराज : ये बच्चा गिरा दिया जाएगा। तुम मेरे साथ एक नई ज़िंदगी शुरू करोगी।

मदीहा : तुमने मुझे बुरी तरह इस गुत्थी में उलझा दिया है। इज़्ज़त कह रही थी कि भोपाल के बाहर के एक डॉक्टर के हाथों एक औरत की मौत बहुत बुरी तरह हुई थी।

देवराज : ये कैसी गुफ़्तगू है। क्या हम इतने दीन हैं। अनपढ़, मिट्टी के तोदे हैं कि ऐसे मामले को भोपाल के बाहर किसी दो कौड़ी के डॉक्टर के हाथ में छोड़ देंगे। डॉ. वाएल तुम्हारी देखभाल करेंगे।

(मदीहा का हाथ अपने हाथों में लेकर)

अपना हाथ मुझे दो। मैं समझता हूँ तुमने ठीक फ़ैसला किया है। सब ठीक हो जाएगा।

मदीहा : ठहरो, मैं नहीं जानती। मैंने कोई फ़ैसला नहीं किया है। मैं

इस बाबत् ज़रा सोचना चाहती हूँ।

देवराज : श्श्श्श्श....सो जाओ। तुम्हें नींद की ज़रूरत है। सुबह उठोगी तो सबकुछ समझ में आ जाएगा।

(मदीहा फ़र्श पर ढेर हो जाती है और आँखें बंद कर लेती है। देवराज अपना सिर अपने हाथों में थामे ज़रा दूर एक कोने में बैठ जाता है। अचानक मदीहा जाग उठती है। उसे पेट में ज़बर्दस्त मरोड़ महसूस होती है। वह दर्द से कराहने लगती है।)

डॉ. सोनिया, डॉ. सोनिया लेबॉन्ते!! ओ माई गॉड़, यह क्या हो रहा है? यह क्यां हो रहा है? (*सोनिया आती है*)

सोनिया : नर्स, ओ माई गॉड, शी इज़ लूज़िंग द बेबी।

नर्स : क्या बच्चा बच नहीं सकता?

सोनिया : नहीं!

दृश्य : सत्रह

एंडरसन की नज़रबंदी। जगनलाल अपने पी.ए. के साथ आता है।

जगनलाल : किसका फ़ोन है?

पी.ए. : पी.एम. आपसे बात करना चाहते हैं? पी.ए. कह रहा है, बात अर्जेंट है।

(पी.ए. का प्रस्थान)

जगनलाल : (फोन पर) सर!...मैंने आपके कहने पर इस्तीफ़ा वापस ले लिया है सर। नहीं, नहीं आप क्यों इस्तीफ़ा देंगे। ओके सर...थैंक यू!

(एंडरसन से) यही वह वो समझौता है जो आप तजवीज़ कर रहे हैं?

एंडरसन : यस!

जगनलाल : दिस इज़ नॉट जस्ट।

एंडरसन : सर ऐसे समझौते में *एन एलिमेंट ऑफ स्पेक्यूलेशन* ज़रूर होता है। मतलब की बात ये हे कि मरने वालों ने मरना बंद कर दिया है।

जगनलाल : व्हॉट?

एंडरसन : मरने वालों ने मरना बंद कर दिया है!

जगनलाल : मरने वालों ने मरना बंद कर दिया है?

एंडरसन : लुक...

जगनलाल : मेरे लोग जितनी तेज़ी से मर रहे हैं उतनी तेज़ी से वे कीड़े भी नहीं मरते होंगे जिनके लिए आप अपना केमिकल तैयार कर रहे थे।

एंडरसन : वेल, आपकी कैज़्युलटी की गिनती हमारी गिनती से मेल नहीं खाती।

जगनलाल : दो लाख, और अभी गिनती पूरी नहीं हुई है।

देवराज : रिकार्डेड डेथ्स केवल दो हज़ार हैं।

जगनलाल : केवल??

देवराज : आँकड़ों के मामले में बिल्कुल प्रिसाइज़ होना लाज़मी है।

जगनलाल : छत्तीस वार्ड के लोग पीड़ित हुए हैं।

देवराज : ये तो पूरा पुराना भोपाल है।

जगनलाल : और ज़हरीले बादल अभी तक साफ़ नहीं हुए हैं।

एंडरसन : मि. मिनिस्टर, वी विल गिव काम्पनसेशन। मैं मुआवज़ा दे दूँगा। उनकी देखभाल करेंगे। बट यू हैव टू डिटरमिन।

जगनलाल : व्हॉट?

एंडरसन : वार्ड्स में कौन लोग रहते थे?

जगनलाल : और यह कैसे मालूम किया जाए? क्या मैं मरे हुओं से उनके होम एड्रेस पूछने के लिए जाऊँ?

एंडरसन : वेल...

जगनलाल : मानो उन लोगों के रहने के लिए घर भी थे?

एंडरसन : फिर हम क्या करें? हम हर उस व्यक्ति को तो पैसे नहीं दे सकते, जो अस्पताल में पड़ा है।

जगनलाल : *(अपनी फ़ाइल दिखाते हुए)* तीन लाख रजिस्टर्ड मेडिकल फ़ाईल्स। दो लाख फ़ौरी तौर से माज़ूर। डेढ़ लाख मरीज़ों की हमेशा के लिए पीड़ित हो जाने की संभावना।

देवराज : उनमें से कितने लोग बन रहे हैं कि पीड़ित हैं?

जगनलाल : बन रहे हैं?

देवराज : जी हाँ, बन रहे हैं।

जगनलाल : मुर्दा कैसे बना जाता है, मिस्टर सार्थी?

देवराज : मरे हुओं में से आधे तो वैसे भी ज़िंदा नहीं रहते अगर प्लांट ने उन्हें पैसे न दिए होते।

जगनलाल : मिस्टर सार्थी! मैंने पीपुल्स प्रोग्रेस ज़ोन की हर मुमकिन तरीक़े से मदद की। वो तमाम रियायतें देने में कोई कसर नहीं उठा रखी जो हिंदुस्तान के इतिहास में अपनी मिसाल आप हैं। आप इन उपकारों के बदले में कम से कम मुँह न खोलने का कष्ट उठा लेते।

(चिढ़ाते हुए)

मरे हुओं में से आधे वैसे भी ज़िंदा नहीं रहते।

देवराज : आई एम सॉरी सर। आप बार-बार ये भूल जाते हैं कि हम एक दुर्घटना की बात कर रहे हैं।

जगनलाल : दुर्घटना?

देवराज : क्या आपका ख़्याल है कि हमने जानबूझ कर ऐसा होने दिया। यह एक दुर्घटना थी, एक गैस, एक गैस बहुत ज़्यादा गर्म हो गई और फूट पड़ी।

जगनलाल : स्पेल द नेम? उस गैस का नाम?

देवराज : जी।

एंडरसन : व्हॉट?

जगनलाल : उस गैस का नाम? स्पेल दैट केमिकल। मेथिल आइसो साइनेट।

एंडरसन : लुक मिस्टर भंडारी...

जगनलाल : एम.आई.सी., वो गैस जिसने मेरे लोगों का ख़ात्मा कर दिया।

एंडरसन : वी...*(लंबी खामोशी)*

जगनलाल : आप लोगों को मालूम था।

देवराज : क्या?

जगनलाल : एम.आई.सी. मेरे लोगों को मारती चली गई और आपने

यह बात छुपाए रखी, है ना?

देवराज : नो।

जगनलाल : नो? द एनीमल चेरिटी फ़ंड? मरे हुए जानवरों की ख़रीदारी ताकि भेद कहीं फूट न जाए।

एंडरसन : मिस्टर मिनिस्टर, हमारी चेरिटीज़ दुनिया के कोने-कोने में फैली हुई हैं। लेकिन यह एक एक्सीडेण्ड था। यह अमरीका में भी हो सकता था।

जगनलाल : तो हुआ क्यों नहीं?

(लंबी ख़ामोशी)

एंडरसन : लेट्स जस्ट काम डाउन, एवरी वन। मेरी राय में हम सब इस फ़िलासफ़ी में एकमत हैं जिसका संबंध...

जगनलाल : अच्छा तो इतने बहुत से लोगों की हत्या करने के पीछे कोई फ़िलासफ़ी भी है?

एंडरसन : दिस इज़ ए जेनेरस अमाउन्ट।

जगनलाल : तो क्या ये मामला हिंदुस्तान की अदालत...

एंडरसन : एंड माई फ़ाइनल ऑफ़र...

जगनलाल : ...तय नहीं करेगी?

एंडरसन : आप हमारी समस्याओं को समझ नहीं रहे हैं। स्टॉक होल्डर्स, इंश्योरेंस कंपनीज़ ने हम पर केस ठोक दिया है। शेयर होल्डर्स ने केस ठोक दिया है और इसी संबंध में और बहुत से छोटे-छोटे केस...आप हमारी समस्या नहीं समझते।

जगनलाल : आपकी समस्याएँ एक तरफ़, मैं आपसे ये कहना चाहता हूँ कि आप ख़ुद अपने मामले में जज और ज्यूरी दोनों नहीं बन सकते। ये घटना यहाँ इंडिया में घटी है। इंडिया के कोर्ट इसका फैसला करेंगे।

एंडरसन : ठीक है, अगर आप इतना लंबा इंतज़ार करना चाहते हों। लेकिन लोगों को इमदाद की ज़रूरत है अभी। इन्हें रक़म बता दो। ग़ौर से सुनिएगा।

देवराज : मरे हुए को 8000; हमेशा के लिए माज़ूर 4000, कुछ समय के लिए माज़ूर 2000।

एंडरसन : रूपीज़ में नहीं...डॉलर में, अमेरिकन डॉलर!

(मौन)

जगनलाल : तो यह है, क़ीमत एक हिंदुस्तानी ज़िंदगी की।

देवराज : ये फ़िगर्स हिंदुस्तानी ज़िंदगी के स्टैंडर्ड पर आधारित हैं।

जगनलाल : मेरे अमेरिकन-इंडियन नौजवान, भला वह कैसे?

देवराज : *(फ़ाइल बंद करते हुए)*

आपने ख़ुद यह बात यहाँ नोट की है कि हम आपको एक वर्ल्ड क्लास प्लांट दे रहे हैं।

जगनलाल : वर्ल्ड क्लास प्लांट! मैंने आपको लायसेंस दिया कि आप ढेर सारा कार्बाइड थंडर बनाएँ...मैंने आपको इजाज़त दी कि आप पीपुल्स प्रोग्रेस ज़ोन को बेतहाशा बढ़ाएँ, क्यों? क्या इसलिए कि हम आपकी टेक्नॉलॉजी और आपके क्राइम के शिकार बना दिए जाएँ।

एंडरसन : वी आर नॉट क्रिमिनल्स!

(ख़ामोशी, जगनलाल लेबॉन्ते का रिसर्च पेपर निकालता है)

जगनलाल : आप नहीं चाहते कि हिंदुस्तानी कोर्ट इसका फैसला करें। आप अमरीका की अदालत में जाना चाहते हैं। ठीक है, मुझे कोई एतराज़ नहीं। मैं इसे लेकर आपसे बात करूँगा।

(कागज़ात दिखाता है)

एंडरसन : व्हॉट इज़ दैट?

देवराज : लेबॉन्तेज़ रिसर्च ऑन कार्बाइड थंडर...नो।

जगनलाल : व्हॉई नॉट।

एंडरसन : व्हॉट इज़ दैट देवराज?

देवराज : यह पेश नहीं किया जा सकता।

जगनलाल : क्यों?

देवराज : यह हम स्वीकार नहीं करेंगे।

जगनलाल : इसलिए कि जानबुझ कर आपने असलियत को छिपाया।

देवराज : यह हमारे साथ खिलवाड़ है।

जगनलाल : आपने खिलवाड़ माँओं के साथ किया। उनके बच्चे गिरवाए। उन्हें अपने विकृत मुर्दा बच्चों को दफ़ना देने दिया। ये सब इस जाँच में दर्ज है।

देवराज : ओ...प्लीज़!

एंडरसन : लेट हिम स्पीक।

देवराज : मिस्टर एंडरसन।

एंडरसन : क्वायट यू!

जगनलाल : *(पहला पेज पढ़ता है)*

एम.आई.सी. गर्भवती महिलाओं के ख़ून में बहुत बड़ी मात्रा में देखी गई...जिससे ऐबदार बच्चे पैदा हुए...विकृत शरीर वाले बच्चे, एबनॉर्मल बच्चे। ये गैस कार्बाइड इंटरनेशनल के कारख़ाने में दवाएँ बनाने में इस्तेमाल होती है। यह जाँच बताती है कि हालाँकि दूर तक जाने वाले प्रभाव के बारे में अभी किसी नतीजे पर नहीं पहुँचा जा सकता लेकिन कार्बाइड इंटरनेशनल ने अपना प्रोडक्शन बढ़ा दिया है और...

देवराज : यह रिसर्च उस औरत ने की है जिसके ऊपर आपने अपहरण का चार्ज लगाया है।

जगनलाल : हमने वो चार्जेज़ वापस ले लिए हैं।

देवराज : आपने तो मुझसे कहा था कि कैनेडियन डिप्लोमेट उसे कैनेडा ले गई।

जगनलाल : वह इस वक़्त हमीदिया हॉस्पिटल में काम कर रही है और मैंने फ़ैसला किया है कि उसकी रिसर्च पर से पाबँदी हटा ली जाए और एक ग्रेंड ज्यूरी से उसकी जाँच करवाई जाए।

एंडरसन : मिस्टर मिनिस्टर!

(जगनलाल जाते-जाते रुक जाता है। एंडरसन उसके पास

आता है। एंडरसन देवराज को अंदर जाने का इशारा करता है। देवराज अंदर जाता है)

मिस्टर मिनिस्टर दरअसल एक एरिया है जिसमें हम-आप मिलकर एक माक़ूल समझौता कर सकते हैं।

जगनलाल : जी, एक एरिया है ज़रूर, जिसमें शायद आप और हम समझौता कर सकते हैं।

(एंडरसन और जगनलाल बड़ी संजीदगी से बातें कर रहे हैं जो हम सुन नहीं पाते। उनके इशारे और मुद्राएँ कुछ ऐसी हैं कि देखने वालों की जिज्ञासा बढ़ती जाती है)

दृश्य : अठारह

सोनिया की क्लीनिक। पीछे मरीज़ नज़र आते हैं। सोनिया कुछ चार्ट जमा रही है, तस्वीरों की जाँच कर रही है और मरीज़ों की हिस्ट्री से मिला रही है। पूरे दृश्य में सोनिया खाँसती रहती है। उसे दर्द भी है लेकिन वह उसे नज़रअंदाज़ करती है और अपना काम जारी रखती है।

इज़्ज़त : डॉक्टरनी साब!

सोनिया : इज़्ज़त अभी नहीं, अभी नहीं।

इज़्ज़त : अमेरिका से दवाई आगे?

सोनिया : नहीं।

इज़्ज़त : डॉक्टरनी साब, डॉक्टरनी साब वो दे वो हा आत हे।

सोनिया : वह? वह कौन?

(जगनलाल का प्रवेश)

मि. मिनिस्टर आप यहाँ क्यूं आए हैं?

जगनलाल : क्यूं क्या आपको मेरी मौजूदगी यहाँ पसंद नहीं?

सोनिया : क्वायट दि कांट्रेरी। यू आर क्वायट वेलकॅम!

जगनलाल : डॉ. लेबॉन्ते, मुझे यक़ीन नहीं आता कि कार्बाइड जैसा इतना बड़ा कार्पोरेशन इतने नीचे स्तर पर आ सकता है।

सोनिया : बट देट्स नॉट वर्स्ट थिंग।

जगनलाल : इज़ देयर समथिंग वर्स?

सोनिया : बहुत सी बातें अभी खुलकर सामने नहीं आई हैं।

जगनलाल : आने वाले लोग कई पीढ़ियों तक पूछते रहेंगे, 'भोपाल क्यूं?' व्हाई भोपाल?'

सोनिया : इंसान गिनीपिग्ज़ की तरह इस्तेमाल किए जा रहे थे।
(तस्वीरें उसके सामने जमाती है। जगनलाल उसे रोकता है)
यही एक सवाल लोगों की ज़बान पर है और उन्हें सच्चाई जानने का हक़ है।
(सोनिया खाँसने लगती है। एक तरफ़ हट जाती है। थोड़ी देर बाद अपना चेहरा पोंछते हुए वापस आती है)

जगनलाल : आप आराम करना चाहेंगीं?

सोनिया : आई एम फाइन!

जगनलाल : आप कह रहीं थीं...

सोनिया : सच बात सारी दुनिया के सामने रखनी होगी।

जगनलाल : इस विषय में मैं आपसे कुछ कहना चाहूँगा।

सोनिया : यस।

जगनलाल : मेरी राय इस मामले में कुछ ज़रा अलग है।

सोनिया : किस मामले में?

जगनलाल : बस ज़रा-सा ही अंतर है।

सोनिया : लेकिन क्या फ़र्क़?

जगनलाल : मैडम डॉक्टर, टाइमिंग, किसी भी सूचना के लिए टाइमिंग बहुत ज़रूरी है।

सोनिया : *(बात समझते हुए)* ओ माई गॉड...

जगनलाल : मेरी यह राय है....

सोनिया : आप मुझे जिलावतन तो नहीं कर रहे हैं?

जगनलाल : बिल्कुल इसके बरख़िलाफ मैं चाहूँगा कि आप इंडिया में अभी कुछ दिन और रहें।

सोनिया : कितने दिन और?

जगनलाल : कॉन्फ़्रेंस ख़त्म हो जाने तक।

सोनिया : हूँ...इसका क्या मतलब?

जगनलाल : चूँकि मैं मांट्रियल कॉन्फ्रेंस में इंडियन डेलीगेशन का लीडर हूँ तो मुझे किसी और साइड शो की ज़रूरत महसूस नहीं होती।

सोनिया : साइड शो?

जगनलाल : साइड शो का कॉन्फ्रेंस पर उल्टा असर पड़ेगा।

सोनिया : आई शुड हैव नोन...

जगनलाल : आप नहीं समझतीं दुनिया का कारोबार किस तरह चलता है।

सोनिया : क्या नहीं समझती मैं? मैंने कार्बाइड की पोल खोली, और क्या समझना है मुझे?

जगनलाल : बिकाज़....

सोनिया : इसलिए कि मैं एन.जी.जो. हूँ, इसलिए कि मैं एक और ही दुनिया से आई हूँ, इसलिए कि मैं ये सब काम तर्जुबा हासिल करने के लिए कर रही हूँ, इसलिए कि मेरा रंग गोरा है और गोरे लोग तीसरी दुनिया के ग़रीबों को रत्ती भर नहीं पहचानते।

जगनलाल : होल्ड योअर टंग डॉक्टर!

सोनिया : आपको यह डर है कि आपकी गवर्नमेंट हालात से वाक़िफ़ थी फिर भी उसने कुछ नहीं किया।

जगनलाल : अगर आप अपने सच को कॉन्फ्रेंस खत्म होने तक मुलतवी रखें, उस वक़्त तक कुछ न कहें जब तक मैं व्यापार और माली मदद की बातें कर लूँ, तो यह मैं आपसे कुछ बहुत ज़्यादा तो नहीं माँग रहा हूँ। कैनेडा वहाँ सफल हो सकता है जहाँ कार्बाइड फ़ेल हो गया। *(सौनिया खाँसती है।)* और फिर आप अभी सफ़र करने की स्थिति में भी नहीं हैं।

सोनिया : आप मुझे रोक नहीं सकते। *(वह बुरी तरह खाँसती है।)*

इज़्ज़त : ये सब काय होवत हे डॉक्टरनी साब?

सोनिया : शायद ज़हरीली गैस मुझे भी ख़ामोश कर देना चाहती है।

इज़्ज़त : नई, नई ऐसन मत कह।

सोनिया : मुझे बाथरूम ले चलो।

(इज़्ज़त सोनिया को पकड़े बाथरूम ले जाती है। वहाँ से सोनिया के उल्टी करने की आवाज़ सुनाई देती है)

दृश्य : उन्नीस

एंडरसन की नज़रबंदी। उसके हाथ में एक पंफ़्लेट है जिसमें उसकी तस्वीर भी छपी हुई है। तस्वीर पर क्रॉस का निशान है। नीचे कुछ हिंदी में लिखा हुआ है। एंडरसन आहिस्ता-आहिस्ता टहल रहा है। देवराज आता है। एंडरसन उसके हाथ में पंफ़्लेट थमा देता है।

एंडरसन : व्हॉट डज़ इट से?

देवराज : *(पढ़ते हुए)*
जिंदा नहीं मुर्दा।

एंडरसन : विच मीन्स?

देवराज : डेड, नॉट एलाइव।

एंडरसन : डेड, नॉट एलाइव, वांटेड एंडरसन डेड, नॉट एलाइव।
(देवराज ख़ामोश रहता है)
तुम जानते हो तुम्हारी वजह से कितनी मुसीबतें नाज़िल हुई हैं।

देवराज : आई एम सॉरी मिस्टर एंडरसन!

एंडरसन : फ़ील सॉरी फ़ॉर युवर वुमन। तुम किस ख़्याल में थे जब तुमने इस औरत की बेबी को डॉक्टर के साथ शर्त में बद दिया।

देवराज : शर्त उसी ने बदी है।

एंडरसन : और तुमने उसे इजाज़त दे दी?

देवराज : उसने जज़बात में आकर ऐसा किया।

एंडरसन : या शायद पागलपन में? यू गॉट हर प्रिगनेन्ट!

देवराज : यह सब एक बंद कमरे में हुआ।

एंडरसन : *(उसे अख़बार थमाते हुए)*
इट्स पब्लिक नॉलेज!

देवराज : बहरहाल उस डॉक्टर को कॉन्फ्रेंस में जाने से रोक दिया गया है।

एंडरसन : हुंह...कॉन्फ्रेंस, इज़, इट? अजीब मसख़रापन है। कॉन्फ्रेंस और वो भी पश्चिमी दुनिया के ऐंठे हुए धनवानों और तीसरी दुनिया के डिक्टेटरों के बीच, जो फ़ाइटर प्लेन्स और फ़ाइव स्टार होटेल्स बनाने को ज़्यादा अच्छा समझते हैं।

देवराज : हुंह...

एंडरसन : कॉन्फ्रेस वह भी कैनेडा के पॉश (Posh) माहौल के बीच। जबकि ज़रा बाहर सड़क पर निकलने से सरासर पता चल जाएगा कि किस व्यक्ति को किस चीज़ की सबसे ज़्यादा ज़रूरत है।

देवराज : यस!

एंडरसन : बिल्कुल यही मैंने किया।
(भेदती हुई निगाह से देखते हुए)
मेरी आँखों में आँखे डालकर देखो। ये झुर्रियाँ सत्तर साल पुरानी हैं। कुल मिलाकर 900 झुर्रियाँ, इन फूले हुए पपोटों के तले। एक-एक झुर्री दुनिया के किसी कोने में एक कार्बाइड प्लांट की पहचान है। क्यूं? क्या इसलिए कि ऊपरवाले ने मुझे हुक़्म दिया था कि जाओ और इन मुल्कों का विकास करो? हार्डली! क्या मैं तीसरी दुनिया के ग़रीबों के लिए कोई फ़रिश्ता था, हुंह... लोग मुझे भोपाल का भूत कहकर पुकारते हैं। फिर भला मैं क्यूं निकल पड़ा दुनिया

के कोने-कोने में कार्बाइड स्थापित करने के लिए? क्यूं? इसलिए कि मैं और साथ के बहुत से मर्द-औरतें बस एक उम्मीद के सूत्र से बंधे हुए थे कि कार्बाइड इन नौ सौ शहरों में से हरेक में एक अच्छा नागरिक बनकर आएगा जो भोपाल की तरह ग़रीबी मिटा देगा और जो धन-दौलत अभी तक इन डेवलपिंग मुल्कों में दबी पड़ी है उसे हर तरह से विकसित करने में मददगार साबित होगा। मिस्टर सार्थी तुमने हम सबको ख़त्म कर दिया। यू हैव किल्ड अस। हम अब आप अपनी ज़िंदगी के लिए लड़ रहे हैं। हम सब विकास के नौ सौ स्तम्भ अपनी ज़िंदगी के लिए लड़ रहे हैं। वी आर ऑल फाइटिंग फॉर आवर लाइव्ज़।

देवराज : मिस्टर एंडरसन, अदालतों ने अभी तक कोई फ़ैसला नहीं दिया है।

एंडरसन : कार्पोरेशंस अदालत में नहीं, सबसे पहले पब्लिक की नज़रों में हार जाते हैं।

(देवराज चला जाता है।)

दृश्य : बीस

मदीहा और देवराज। जगनलाल भाषण देने के लिए तैयार हो रहा है। इज़्ज़त क़ब्र के सामने बैठी है।

देवराज : जो कुछ हुआ, भगवान की तरफ़ से हुआ है, उसने हमें बच्चे की फ़िक्र से बचा लिया...अब हम आज़ाद हैं मदीहा।

मदीहा : आज़ाद हैं?

देवराज : हाँ, अब हम अमरीका जा सकते हैं, ये लो टिकट...

(मांट्रियल कॉन्फ्रेंस में जगनलाल भाषण दे रहा है)

जगनलाल : डियर डेलीगेट्स! कैनेडा के महानुभाव, दुनिया के सारे बिज़नेसमैन जो यहाँ मॉन्ट्रियल में जमा है, मैं कह देना चाहता हूँ देअर इज़ नो लव लेफ्ट इन भोपाल। दस हज़ार बीमार बच्चे, मरते हुए बच्चे, जो पैदा होते ही यतीम हो गए...चुनांचे अब मुझे क्या करना चाहिए। एक बच्चे के लिए आँसू बहाऊँ...नो। क्या मैं मरे हुओं का मातम करूँ? नो...इट इज़ यूज़लेस, इसमें कोई लाभ नहीं। मुझे मालूम है कि हर मरे हुए बच्चे की जगह एक नया बच्चा पैदा होगा। उन पर शोक करने के लिए समय नहीं है। मुझे उनके भविष्य का रास्ता तैयार करना है।

(गीत आरंभ होता है)

क्या ज़मीं क्या आसमाँ
एक कोहरा एक धुआँ
एक क़यामत का समाँ
ग़ैब से चलने लगी जब
एक ज़हरीली हवा।

(क़ब्रिस्तान में इज़्ज़त क़ब्र पर हाथ फेर रही है जैसे धीरे-धीरे मिट्टी हटा रही हो। उसकी आँखें फटी हुई हैं)

इज़्ज़त : डॉक्टरनी साब! तैं मोला बूझत हस। मोर बेंदरी आय रिहिस, मोला लागिस कोई चीज़ बदल गेहे, ऐती-ओती खोजेंव तो का देखत हंव, ओ हा चुप्पेचाप खड़े हे, अप्सरा असन, बिल्कुल वैसनेच जैसे वो अभी-अभी जन्मे हे। मैं पूछेंव, नोनी! डॉक्टरनी साब तोला देखेबर रिहिस, वो हा कौन जाने काय किहिस, नई कुछु नई किहिस, मैं पूछेबर रेहेंव, तैं डॉक्टरनी साब ला अपन संग में काबर नई लाए?

देवराज : क्या सोच रही हो?

(मदीहा टिकट फाड़ देती है। देवराज भौंचक्का रह जाता है। मदीहा इज़्ज़त के पास जाती है। दोनों औरतों के चेहरों पर बाग़ियाना तेवर हैं)

—पर्दा—

●●●